Eva Abbo

La Encrucijada del Ayer

NOVELA

La Encrucijada del Ayer

Dedicatorias:

A Freddy Abbo, mi alma gemela, mi compañero y a la felicidad que hemos compartido.

A Ileana, Eran, Larry, Susy, Edward, Jonathan, Michael, Daniella, Daniel, Alexandra, Michael, Ariella, y Gabriel, las luces que iluminan mi camino.

...A todos mis seres queridos y amigos del alma.

Agradecimientos:

A Freddy Abbo por sus invaluables enseñanzas en computación, asistencia técnica y apoyo.

A Alessandra Hernández por su dedicación y acertadas correcciones.

A Stefanie Resciniti por el diseño de portada.

A Edward Abbo por la fotografía de la portada.

Capítulo 1

—Enhorabuena, señora Rotlewicz. ¡Está usted embarazada!

Vivian abrió los ojos desmesuradamente mirando al médico de expresión analítica… rostro ovalado… vestido de blanco… quien sin ser mayor que ella poseía el distintivo de la autoridad fundamentada en sus amplios conocimientos profesionales.

¿Se siente mal?, le preguntó preocupado viéndola palidecer.

Titubeando, observó una vez más la oficina en la cual se encontraba: el escritorio de madera clara con bordes redondeados, las sillas forradas en material de seda color rosa viejo, la estantería colmada de textos de estudio cuyas carátulas desgastadas testificaban su uso, el diploma y los certificados del galeno cuidadosamente colocados en marcos negros laqueados.

—¿No puede existir un error en la prueba?

—De ninguna manera respondió él de inmediato ante la inesperada reacción de su paciente.

Ella, afligida, desvió la mirada hacia la ventana. Se

mantuvo en silencio por algunos minutos y a continuación procedió a levantarse.

—Gracias doctor es todo lo que deseaba saber.

—Espero verla aquí el próximo mes, para la consulta prenatal de rutina.

Después de despedirse caminó apresurada por los pasillos alfombrados, en tonos aguamarina, del edificio para consultorios médicos y tomó el elevador. Descendió hasta el sótano del inmueble en donde se encontraba estacionado su Mercedes Benz color granate y tan pronto encendió el motor, apretó el acelerador con fuerza queriendo salir de aquel lugar lo más pronto posible.

El lujoso automóvil se fue alejando de las transitadas avenidas de la ciudad hasta llegar a una reducida playa privada, rodeada de frondosas enramadas donde sobresalían altos arbustos de uvas silvestres.

Tan pronto descendió del vehículo se quitó los zapatos de tacón alto y comenzó a caminar por el angosto y serpenteante camino de tablones de pino. Su delgado y atractivo cuerpo se deslizaba ligero por entre los balaustres. Las fuertes y bien torneadas piernas cobraban velocidad, por momentos, al compás de su acelerado corazón. El viento soplaba con fuerza enmarañando el largo y sedoso cabello rubio, el cual minutos antes lucía inmaculado. Dos abultadas lágrimas inundaron el verdor de sus luminosos ojos impidiéndole precisar el camino y luego se deslizaron por el delicado rostro angustiado ahondando aún más el deseo de huir, de esconderse. Apretó con fuerza los carnosos labios rojos y corrió... corrió hasta llegar a la dorada arena donde se dejó caer y mientras cubría con sus manos el alterado rostro, rompió en fuertes lamentos hasta convertirlos en un profundo llanto. Lloró descargando el enorme dolor que la consumía y, al final, ya cansada, suspiró resignada.

Dios mío, ¿qué será de mi bebé? pensó acongojada. ¿Acaso no tiene derecho a la vida como cualquier otro ser humano? ¿Cómo puedo interrumpir su formación, si ya ha comenzado?

—No y mil veces no, gritó resuelta. No permitiré su destrucción.

¡Es mi hijo! Lucharé contra todos e inclusive contra mí misma si es necesario, para que nazca y sea feliz.

Me alegro ahora de la decisión que tomé, al sospechar del embarazo, sobre consultar con un médico escogido al azar para confirmarlo. El desconoce mi verdadero problema y eso me concede el tiempo y la oportunidad para reflexionar con calma acerca de mis acciones y sus posibles consecuencias en el futuro.

El día dio paso a la noche. La bóveda celestial lucía serena y despejada sirviendo de fondo a espectaculares estrellas, cuyo fulgor platinado empezaba a manifestarse sobre el vasto firmamento.

De repente sintió frío, y un ligero estremecimiento la sacudió.

Apretó contra su cuerpo la chaquetilla de lino verde oliva, acomodó la sedosa bufanda anudada al cuello y se levantó ya más tranquila.

—Es hora de regresar a casa, pensó. Víctor debe estar esperándome.

Capítulo 2

El semáforo cambió de color. Vivian viendo la luz verde soltó el freno, aceleró y viró hacia la derecha, dirigiendo el vehículo a través de una calzada cuyos lados se encontraban bordeados por un lago, en el cual sobresalían dos extraordinarias fuentes de agua en constante movimiento. Atravesó enseguida un puente de concreto pintado de blanco hasta llegar a la caseta de seguridad.

Introdujo la tarjeta magnética en la hendidura e inmediatamente la barrera de madera se levantó dándole paso al complejo residencial de Boca West.

Al avanzar a través de la ancha avenida divisó la silueta de dos modernos inmuebles correspondientes al club social y al de golf, alumbrados por postes de luz colocados a intervalos regulares a lo largo del camino. Desvió el timón hacia la izquierda dirigiéndose hacia la subdivisión de Oakbrook, donde ella residía.

Hacía veinticinco años que sus suegros decidieron trasladarse de Connecticut a la ciudad de Boca Ratón en el estado de la Florida cansados de los crudos meses de invierno, en busca de un clima más apropiado para su edad y con la idea de disfrutar durante todo el año de su pasatiempo favorito: el golf.

Dada la excelente posición económica de la que disfrutaban producto de los intensos años de trabajo de Abraham Rotlewicz en su joyería, habían adquirido una suntuosa mansión de grandes ventanales con vista hacia el canal, cerca del famoso hotel de Boca Ratón.

En ese ambiente opulento, rodeado de lujo, transcurrieron la infancia y la adolescencia de su joven esposo. Posteriormente cursó estudios médicos en la universidad de Harvard, en la cual adquirió prestigio y distinción gracias a su enorme potencial e interés.

Una vez establecido su consultorio en un moderno y céntrico edificio de la ciudad y con alguna clientela en su haber, decidió dedicar algunas horas de su tiempo al esparcimiento. Una noche, saliendo del restaurante Pete´s, un amigo en común le presentó a Vivian y a partir de aquel momento se volvieron inseparables.

Al cabo de ocho meses Víctor le propuso matrimonio y ella emocionada le correspondió con un beso apasionado.

El compromiso, la boda y la luna de miel se vieron envueltos en copas de champaña *Dom Périgñon*, orquídeas, suntuosos regalos, dicha y felicitaciones. Todo salió a pedir de boca y los consuegros regocijados convirtieron el evento en su tema de conversación favorito, intercambiando fotografías y compartiendo hasta el más mínimo detalle con familiares, amigos y todas aquellas personas dispuestas a escucharlos.

Después de disfrutar intensamente de la estadía en varios países de Europa se establecieron en la magnífica residencia de ladrillos rojos sólidos, ventanas de cristal biselado y techo de tejas importadas, regalo de boda de sus respectivos progenitores. La propiedad estaba ubicada en un área privilegiada donde cada componente de ésta había sido minuciosamente estudiado y calculado por arquitectos de gran renombre, logrando como resultado un ambiente relajado e idílico constituido por subdivisiones residenciales dentro de las cuales la de Oakbrook sobresalía por su belleza, lujo y originalidad.

Extensos campos de golf y vastos lagos se divisaban por doquier y una gran variedad de árboles y plantas frondosos, sembrados estratégicamente, que le otorgaban al complejo un toque artístico singular.

Algunos días después de su llegada a Boca Ratón Víctor se reintegró al trabajo. Ocasión que aprovechó Alex Vorlowesky para tomar un receso de la práctica, bien merecido por cierto, pues durante la ausencia de su socio él se encargó de la totalidad del consultorio.

Vivian se sentía feliz, estaba profundamente enamorada de su marido, quien además de poseer un aire de distinción innato era alto... joven... veintinueve años... cabello castaño oscuro... atractivo... y tenía un don especial en el trato para con ella que lo convertía en un ser irremplazable.

Deleitada recorría con frecuencia el ámbito circundante. El extenso recibidor engalanado a diario con exóticos arreglos florales de diversos colores, colocados en búcaros transparentes, sostenidos por bases de herrería verde pardusca elaboradas con un diseño original inigualable. Una enorme araña de fino cristal checoslovaco se exhibía majestuosa, balanceándose apacible en el espacio exclusivo diseñado para ella. La ancha escalinata con peldaños de mármol grisáceo de bordes redondeados, ascendía imponente hasta el rellano donde sobresalía un gran cuadro antiguo, dividiéndose a nivel del segundo piso en ramales opuestos hacia la derecha y hacia la izquierda.

La sala estaba provista de dos sofás color tierra, combinados con poltronas forradas en cuero de tigre y múltiples almohadones en tonos acaramelados y terracotas, dispuestos al azar. Las mesitas de madera central y auxiliares talladas artísticamente, coronadas con adornos en cristal y plata, los cuadros originales del famoso Salvador Dalí escogidos con esmero por un experto en arte y el majestuoso piano negro de cola Steinway, fiel testigo de las horas de dedicación y empeño de su dueña.

El clásico comedor decorado con muebles de estilo Chippendale recubiertos con tela aguamarina en una diversa gama de contrastes y motivos, complementados por un estante de madera oscura tallada cuya vitrina de cristal biselado, era la encargada de albergar la espléndida vajilla de Rosenthal, obsequio de su abuela materna, posesión de incalculable valor y orgullo para ella. El piso de travertino se extendía por doquier a través de la planta baja, hasta llegar a la amplia e inmaculada cocina de madera clara equipada con sofisticados artefactos eléctricos.

La puerta automática del garaje se levantó con lentitud dando paso al carro en espera y su dueña, con maestría, lo estacionó al lado del Maserati azul marino, propiedad de su marido.

Ágilmente descendió del vehículo y tan pronto se encontró en el interior de la casa fue recibida por Chivas la perra labrador de brillante pelaje dorado, quien zalamera y emocionada agitaba la cola dándole la bienvenida.

Vivian vislumbró algunos rayos de luz a través de la rendija de la puerta del estudio y soltando al fiel animal que acariciaba, subió corriendo por la escalera rumbo a su dormitorio.

—Debo ducharme y cambiarme de ropa, pensó. Víctor no debe verme de esta manera. Aún no he decidido cuándo le daré la noticia de mi embarazo.

Capítulo 3

Vivian observó su rostro con detenimiento, en el amplio espejo alargado del vestier en la habitación principal, para comprobar la desaparición de cualquier vestigio de lágrimas y alisando la falda del vestido azul de lino con la palma de su mano, dirigió sus pasos hacia la escalera.

Titubeó por algunos segundos antes de decidirse a abrir la puerta del estudio, pero recapacitó al ver la hora.

Entró en el recinto y de inmediato una calurosa ráfaga, proveniente de la chimenea, envolvió su cuerpo. Dirigió la mirada hacia el amplio escritorio tallado en madera oscura, sobre el cual sobresalía una fresca cascada de enormes hojas de helecho que simulaban encajes y un marco de plata ovalado portador de una sugestiva fotografía de boda, en la que ellos intercambiaban sendas argollas con el juramento de una eterna promesa de amor. Concentró la atención en el amplio sillón de cuero repujado gris pero su esposo no estaba en él. Continuó la búsqueda con mayor detenimiento y enseguida atisbó su figura cerca del rellano de la ventana a través de la cual, ensimismado, miraba hacia afuera.

—Víctor —lo llamó enternecida.

—Mi amor, al fin te veo, ¡estaba preocupado por ti! —exclamó él volteándose para mirarla.

—Lamento no haberme puesto en contacto contigo, pero las horas transcurrieron rápido y lo olvidé.

—Está bien —le dijo él acercándose para tomarla entre sus brazos.

—Cuánto he añorado su acercamiento en estos momentos tan difíciles —pensó Vivian mientras él la abrazaba y reaccionó apretándolo fuerte, muy fuerte, como si en ello se le fuera la vida.

—¿Te sucede algo, cariño?, te noto de una sensibilidad a flor de piel.

Ella se apartó un poco mirándolo a los ojos y por una fracción de segundo se dispuso a contarle la verdad.

De repente se escuchó el repicar del teléfono y él sin mucho pensarlo estiró el brazo para tomar el receptor. Mientras hablaba, Vivian lo contemplaba en silencio sin apenas poner atención a sus palabras. Al cabo de algunos minutos se interrumpió la conversación y Víctor apesadumbrado le comunicó la urgencia.

—Lo lamento, Vivian, pero tengo que salir corriendo, tuve una llamada de emergencia del hospital. Una de mis pacientes está dando a luz y requieren mi presencia. Volveré tan pronto pueda —dijo tomando la bata blanca del perchero de roble—. Te quiero —agregó dándole un beso en la boca y salió apresurado cerrando la puerta.

Quedó anonadada ante la repentina salida de su marido. Ya debía estar acostumbrada, la profesión de ginecología y obstetricia requería la tolerancia de la esposa del médico pero el vacío dejado por su ausencia siempre la golpeaba.

Lentamente dirigió sus pasos hacia al sofá situado frente a la chimenea, atisbó el fuego con el alargado pertrecho de bronce y se dejó caer en el ostentoso y confortable diván. Humo, vulturno y chispas centellantes se desprendían de la creciente llama inundando el ambiente con su interminable danza de diversas formas y espesores, seguida en absorta contemplación por los cálidos y exóticos ojos verdes de Vivian.

Su mente divagaba por parajes insignificantes, cuando de repente se detuvo en un relevante archivo del pasado. Su cuerpo se tensó, apretó los puños palideciendo y un rictus doloroso se dibujó en su semblante. Recordó con nitidez aquella fatídica tarde de verano, cinco años atrás, cuando se encontraba en la cocina de su residencia decorando una torta de cumpleaños para Víctor. En aquellos momentos su corazón albergaba una intensa emoción, en espera de la fiesta sorpresa a realizarse esa misma noche y para la cual contaba con la asistencia de un centenar de invitados.

Deslizó sobre el pastel, con mucho esmero, el fino calado de azúcar preparado con anticipación de acuerdo con las instrucciones aprendidas en el curso de pastillaje y una vez satisfecha con los resultados procedió a acomodar el resto de los ornamentos.

—¡Oh señora, qué hermosa luce la torta!, —exclamó Vicky una de las empleadas del servicio.

—Muchas gracias —le respondió ella complacida, tomando la tortera entre sus manos con el propósito de llevarla al comedor.

Empujó la puerta de la cocina con su cuerpo y en el

momento de traspasar el marco de la puerta, sintió un penetrante dolor en la cabeza localizado en un punto específico y un frío estremecimiento le recorrió todo el cuerpo. Contrajo los brazos para impedir la caída de su preciada carga, mas todo fue en vano, los músculos se le fueron relajando mientras el enorme armatoste caía al suelo con gran estruendo, partiéndose en infinidad de pedazos seguido por un ser inerte el cual resbaló a su lado.

—María... Carmen... la señora se ha desmayado, ¡por favor ayúdenme a levantarla! —gritó Vicky agobiada.

Haciendo acopio de sus fuerzas, lograron levantarla y llevarla hasta el canapé de la sala.

—Señora, despierte —le pedía María atribulada—, por favor contésteme, estamos angustiadas de verla así.

—No nos asuste, señora Vivian —agregó Carmen sollozando, viendo palidecer el afable rostro de la dueña de la casa.

—No reacciona, mejor llamamos por teléfono al doctor, él sabrá cómo manejar esta situación —opinó Vicky preocupada.

Víctor auscultaba a una paciente cuando su enfermera entró corriendo al consultorio.

—¿Qué sucede, Yolanda, por qué tanta premura?—le preguntó él extrañado.

—Su esposa está inconsciente y las empleadas se han puesto histéricas. Ya llamé a los paramédicos y se encuentran en camino a su casa.

Víctor la miró horrorizado y en cuestión de segundos salió corriendo.

—Vivian, amor mío, estoy aquí a tu lado, por favor

contéstame dime que estás bien—le pedía él entre sollozos caminando a la par de la camilla que la llevaba a la ambulancia.

El ensordecedor estruendo de la sirena retumbó abriéndose paso entre los vehículos circulantes por la avenida Glades Road. Avanzó un largo trecho, cruzó hacia la derecha, llegó a la calle trece en donde viró hacia la izquierda y tomó una curva pronunciada hasta llegar al hospital de Boca Ratón.

—Mi esposa es joven, tiene veinticinco años y siempre ha sido sana. ¿Qué le habrá sucedido? —se preguntaba Víctor angustiado una y otra vez caminando insistente por la iluminada y acogedora sala de espera, deseando ver salir al galeno de la sala de emergencia.

El tiempo fue transcurriendo con desesperante calma ante la tormentosa incertidumbre del momento, cuando de repente el doctor Gerardo Cohen se apersonó a su lado.

—¿Cómo se encuentra Vivian, doctor?

—Está consciente, su condición en general ha mejorado y ha desaparecido la intensa palidez de su rostro. Le administré por vía intravenosa una droga relajante muscular y se encuentra tranquila, descansando.

—Pero, ¿cuál fue la causa del desvanecimiento? —inquirió Víctor ansioso.

—Es prematuro precisar en estos momentos un diagnóstico definitivo. Sometimos a la paciente a diversos exámenes básicos para descartar la posibilidad de un daño serio en la función cerebral, pero para comprobarlo necesitamos recurrir a exámenes más específicos.

A partir de aquel instante bajo la estricta supervisión

del médico, Vivian se vio sometida a un sinfín de estudios e investigaciones en algunos casos angustiosos y extenuantes. Su estadía en el hospital se prolongó por varias semanas, generando en ella un estado depresivo inigualable.

Cierto día Víctor se acercó a la cama en la cual yacía su esposa y dándole un beso sorpresivo, le comunicó emocionado:

—Amor mío, por fin terminaron las pruebas, hoy podrás regresar a la casa conmigo y tanto tu estadía en el hospital como las amargas experiencias vividas en él te parecerán tan solo una pesadilla. En aquellos instantes la bonachona figura del doctor Cohen, enfundada en la clásica bata blanca se proyectó en la habitación y lo vieron entrar con paso inseguro.

Vivian observó con minuciosidad el inquieto rostro blanquecino coronado con hebras plateadas y una gran zozobra, quizás una premonición la invadió, al comprobar la aflicción de aquellos inteligentes ojos aguarapados.

—Doctor y señora Rotlewicz quisiera ser el portador de buenas noticias para ustedes pero después de realizar un estudio exhaustivo sobre el caso, tomando en cuenta los resultados obtenidos, lamento informarles la presencia de una malformación arteriovenosa congénita.

Víctor parpadeó varias veces tratando de ocultar el terror fantasmagórico nacido en aquellos momentos de angustia en todo su ser, más la mirada inquisidora de su esposa se reflejó en la transparencia de sus pupilas despejando cualquier incógnita.

—Mi estado es grave —afirmó ella incrédula más que preguntó, sintiendo las galopantes palpitaciones de su angustiado corazón.

Un movimiento de cabeza del galeno, confirmó sus sospechas.

—¿Cuáles son mis posibilidades de recuperación? —inquirió preocupada.

—No lo sé —le respondió el doctor Cohen sinceramente. En las últimas décadas la medicina ha evolucionado de forma excepcional en otras especialidades, pero se encuentra en pañales en lo referente a las malformaciones congénitas.

—Entonces, ¿cuál es el próximo paso a seguir? —indagó Víctor, tratando de no dejar translucir el inmenso dolor anidado en su corazón.

—Por el momento pienso recetarle una droga anticonvulsiva para evitar la reincidencia de otro suceso similar al ocurrido en esta ocasión. Le aconsejo tomar la vida con calma, tratar de descansar lo máximo posible y bajo ninguna circunstancia, recalcó inflexible, puede usted quedar embarazada.

El rostro de Vivian adquirió una tonalidad ceniza y sus ojos se abrieron desmesurados.

—¡Oh Dios mío, nunca podré tener un hijo! ¡Nunca! —agregó lanzando un grito atormentado, mientras sentía dos abultadas lágrimas atropellarle la mirada.

Víctor corrió hacia ella y la rodeó con sus vigorosos brazos, entreabrió los labios para emitir palabras consoladoras pero fue entonces cuando un fuerte nudo le aprisionó el pecho haciendo brotar de su garganta desgarradores gemidos.

El retorno a su residencia, ese mismo día, se vio envuelto en una ola de melancolía a pesar de la incesante compañía y de los reiterados esfuerzos de familiares y amigos por hacerles olvidar el indeleble presagio ceñido en sus cabezas. Transcurrieron lastimosas semanas, las visitas se fueron espaciando ante el alivio de sus moradores y la apatía enraizó en la vida de Vivian contrastando con la incesante desesperación de Víctor por salvarle la vida.

—Tú no puedes comprenderme, Alex —le decía Víctor afligido, apoyando la cabeza entre sus manos. Mi vida sin ella no tiene sentido, ¡la quiero con toda mi alma, como nunca he querido a nadie! Estudie con ahínco durante varios años para graduarme de médico, he ejercido la profesión de una manera eficiente, velo sin descanso por el bienestar de mis pacientes y sin embargo en el caso de mi esposa me siento frustrado e incapaz de ayudarla.

Alex desvió apenado la mirada del rostro de su socio y amigo, no pudiendo presenciar el intenso dolor que lo atormentaba y la dirigió hacia el sitio donde se encontraban. Un elegante y espacioso bar restaurante convenientemente localizado cerca del consultorio, decorado al estilo de los años treinta: pesados cortinajes de raso rojo escarlata, extensos espejos encargados de recubrir parcialmente las paredes, lámparas doradas empotradas y calibradas para producir una acogedora iluminación indirecta, señoriales cuadros de la época y un mobiliario de piezas antiguas fabricadas en cuero y madera tallada, heredadas en su tiempo por el propietario del lugar. Contempló hechizado el magnífico reflejo sobre el cristal de una variada gama de colores, provenientes del dorso de innumerables botellas recostadas sobre repisas adheridas y alineadas con precisión a varios paneles, creando así la profundidad requerida para las necesidades del bar.

—Doctor, ¿desea otro whisky? —le preguntó el barman.

Saliendo de la profunda abstracción momentánea en la que se encontraba, acomodó el cuerpo con calma sobre la alta banqueta y respondiendo afirmativamente a la pregunta formulada dirigió la atención hacia su atribulado compañero.

—¡No puedo perderla, no puedo! —repetía Víctor, una y otra vez golpeando la encumbrada barra de mármol cetrino, con el puño cerrado.

—Por favor tranquilízate, —le pidió Alex ansioso. ¡Eso no sucederá! te lo prometo. Si existe en este mundo alguna posibilidad de ayudarla, por más remota que sea, nosotros la encontraremos de eso puedes estar seguro.

Capítulo 4

El caluroso verano cedió sus derechos dando un amplio despliegue de inigualables rayos solares al iridiscente otoño. El deslizar de las hojas se produjo lento, dejando al desnudo troncos y ramas cuyo cobijo oscilante en tonos verdes, naranjas y amarillos se convirtió en mustias cascarillas polvorientas. Siguiendo con los ciclos de la naturaleza, una cruda nevada descendió irreverente cubriendo a modo de blanco lienzo hasta sus más recónditas dimensiones el contorno terráqueo, dejando ateridos a los moradores del norte del país y en varios casos, acorde con sus posibilidades económicas, dispuestos a emigrar.

La llegada de infinidad de personas a las diversas ciudades de Florida provocó una exagerada aglomeración en los establecimientos públicos y una actividad exhaustiva e inagotable se concentró en las diversas salas del hospital de Boca Ratón, alejando en ocasiones de la mente de Víctor la irremediable sentencia pendiente en la vida de su cónyuge.

Los días transcurrían tediosos e inmutables para Vivian, recluida a voluntad en el dormitorio principal; las pocas veces que recorría su residencia lo hacía como una autómata, creando en su esposo y en sus familiares una profunda congoja al recordar la alegría que la caracterizaba, innata en ella, con la que impregnaba cualquier elemento a su alrededor. Pero todo carecía de sentido en su existencia al saberse inepta para la maternidad, su más ferviente deseo.

Cierta mañana invernal de comienzos de año Víctor, ataviado con la habitual bata blanca almidonada, auscultaba minucioso a una paciente en su octavo mes de gravidez. Entretanto Alex aguardaba impaciente en el consultorio colindante, caminando de un lado a otro para frenar el ímpetu de interrumpir el quehacer de su socio.

—Ya puede vestirse señora Smith, tanto a usted como a su hijo los encuentro en perfectas condiciones de salud —aseveró, deslizando el estetoscopio de su cuello y depositándolo con delicadeza sobre la mesita auxiliar de fórmica gris cercana al camastro de auscultación—, continúe con la misma dieta, el calcio y las vitaminas que le prescribí. Espero verla de regreso en quince días.

—Gracias, doctor.

Víctor esbozó una vaga sonrisa despidiéndose y fijó su atención en la historia clínica con el fin de escribir el informe correspondiente.

—¡Oh cuánto lo siento, señora! —exclamó Alex apenado, al casi tropezar con la paciente en su afán por entrar deprisa en el recinto —Espero no haberle hecho daño.

—No se preocupe, doctor, estoy bien —repuso ella prosiguiendo su camino.

Respiró aliviado. Mas recordando la premura del momento, aceleró el paso.

—Víctor... levántate y salgamos.

Tres profundas y delimitadas arrugas se formaron en su frente al levantar la cabeza y fijar la mirada en su socio ante el vehemente llamado.

—¿Qué sucede Alex? —le preguntó curioso.

—En este preciso momento y aquí en esta institución, un médico canadiense considerado una eminencia en su ramo, está dictando una conferencia sobre malformaciones congénitas.

—¡Vámonos! —gritó Víctor exaltado, levantándose de inmediato del sillón azul rodante y dejando caer a su paso un torrente de papeles.

El corto trecho a recorrer por los blancos e impecables pasillos del hospital, impregnados con un penetrante y desagradable olor a desinfectante se convirtió en eterno para el agobiado esposo. Al aproximarse empujó con fuerza las puertas dobles y pesadas de madera laqueada del auditorio, viendo en pleno el atestado salón. Continuó el paso, seguido siempre de cerca por la figura amiga, y descendiendo por el corredor, alfombrado en tono arcilla, ubicó dos asientos en la segunda fila, tapizados en grueso cordobán color crema. Lograron llegar hasta ellos, no sin cierta dificultad debido al número de personas que incomodaban a su paso.

Una vasta claridad inundaba el entarimado, amén de millares de rayos de luz cuyos reflejos infalibles se salpicaban a través de los amplios ventanales creando un mundo mágico de partículas suspendidas y arcoíris entrecruzados.

La correcta dicción del doctor Samuel Guberek se escuchaba vigorosa y precisa, mientras él explicaba en detalle todos los pormenores de sus más recientes investigaciones y operaciones.

Víctor no perdía palabra, concentrado como estaba en la atlética figura del conferencista, cuando de repente un intenso escalofrío le recorrió el cuerpo.

—¡Oh Dios mío! —exclamó excitado—, se está refiriendo a la enfermedad de Vivian.

Alex volteó la cabeza hacia donde se encontraba su colega y lo vio palidecer.

—Los resultados obtenidos por medio de dicha intervención han sido exitosos en un ochenta y cinco por ciento de los casos —decía al facultativo—, pero se deben estudiar a fondo las condiciones físicas y psicológicas del paciente y tomar las precauciones necesarias antes de proceder a erradicar el origen de la malformación congénita.

El corazón de Víctor latía acelerado mientras la disertación continuaba hacia otros temas, infinidad de pensamientos se agolpaban en su mente, impidiéndole concentrarse.

—¡Ojalá termine pronto! —le comentó a Alex en voz baja—. Me urge hablar con él.

Media hora más de incertidumbre transcurrió y tan pronto Víctor lo vio terminar la exposición e inclinarse para recoger los papeles de consulta, diseminados sobre la mesa de grueso vidrio rectangular, se le acercó presuroso.

—Doctor Guberek, mi nombre es Víctor Rotlewicz, ejerzo la profesión de ginecología y obstetricia en este hospital y necesito hablarle sobre el crítico estado en que se encuentra mi esposa. Quizás usted pueda ayudarme.

El especialista de porte alto... tez bronceada... ojos negros... cabello y bigote castaño oscuro... edad imprecisa dada su excelente constitución física..., abandonó la labor de acomodar sus pertenencias dentro del maletín de fino cuero negro, apoyado sobre una de las sillas de madera matizada en color mostaza, y concentró la atención en el joven galeno que lo observaba con inmensurable ansiedad contenida.

—Es un placer conocerlo, doctor Rotlewicz. ¿Cómo puedo ayudarlo?

—Vivian, mi esposa, ha sido diagnosticada con una malformación artero-venosa congénita incurable y le queda poco tiempo de vida según la opinión de su médico —agregó Víctor entrecortado—, mirándolo a través de la vista empañada por dos gruesas lágrimas dispuestas a desbordarse en cualquier momento. Por favor doctor, ¡ayúdela!

Sintiendo compasión por aquel desafortunado ser y su querida esposa, colocó la mano diestra sobre el hombro de su interlocutor mientras le decía:

—Haré todo lo posible para colaborar con ustedes. Tráigala al consultorio del doctor Héctor Greenberg a las tres y media de la tarde, es necesario examinarla lo más pronto posible.

Vivian terminó de abotonarse la blusa de seda blanca ribeteada con encaje, alisó con la palma de la mano la falda azul marino, costumbre bastante arraigada en ella, colocó el angosto cinturón trenzado alrededor de su delgada cintura, calzó sus pequeños pies con los elegantes zapatos de cuero italiano color caramelo y tomando la cartera mientras maniobraba la cerradura, abandonó apresurada el cubículo donde se encontraba y se dirigió hacia el consultorio doscientos quince donde ya su esposo y el doctor Guberek la esperaban.

—Tome usted asiento, señora Rotlewicz —le solicitó el facultativo, levantándose y retirando la silla con ademán caballeroso.

—Como le estaba explicando a Víctor unos minutos antes de su llegada, considero apropiada la decisión de operar en su caso pero... —agregó imperioso—, deben comprender en todo su contexto los graves riesgos a los cuales usted se verá expuesta.

Un brillo jubiloso resplandeció en los ojos verde esmeralda de Vivian y sin prisa asintió con un rotundo movimiento de cabeza.

—¡Adelante, doctor!, no hay nada que perder, mi vida sin su intervención pende tan solo de un hilo.

—En ese caso —respondió el doctor Guberek— es necesario que se trasladen sin demora al hospital en Montreal donde yo trabajo. Aquí tienen mi tarjeta con la dirección y el teléfono correspondientes para que puedan pedirle la cita a mi secretaria, mientras tanto yo la voy a contactar para que simplifique el procedimiento y podamos proceder lo más pronto posible.

Después de numerosos preparativos para el viaje y una operación prolongada en el hospital en Montreal, Víctor se acercó sigiloso a los pies de la inmaculada cama de la sala de cuidados intensivos donde reposaba su esposa, desde hacía varias horas, recuperándose de la delicada intervención a la cual fue sometida y su corazón se estremeció de pena al observar el desmadejado cuerpo conectado por medio de infinidad de cables y conductos a varias máquinas, cada una de ellas enchufada a su propio monitor. Tenía la cabeza coronada con un turbante de gruesas vendas albas, el semblante macilento, sin expresión, mostraba los ojos entrecerrados. Un tubo endo-traqueal sobresalía de la nariz y desembocaba en un ventilador mecánico, mientras la reseca comisura de sus labios permitía escapar un espeso humor salivar.

Él, al no querer contemplar por más tiempo el estado lastimoso en que se encontraba, dirigió la mirada hacia la ventana clausurada a su mano izquierda y en segundos evocó, casi visualizando en su mente, la esbelta figura de Vivian desplazándose por la casa con graciosos y rítmicos movimientos. Percibió el penetrante y exquisito olor a jazmín de su perfume, palpó los largos y sedosos cabellos ambarinos, vio el rostro porcelanizado, admiró el perfil de la refinada nariz y el grosor de sus tentadores labios.

—¡Oh Dios —exclamó entre sollozos conmocionado, cubriéndose la cara, con las manos.

—Víctor... —escuchó una voz, como un susurro.

—Amor mío respondió él de inmediato, secándose las lágrimas.

Ella volteó la cabeza sobre la almohada y apretando su mano contra la de él esbozó una sonrisa, tal vez una mueca y cerró los ojos.

—Vivian, Vivian..., la llamó angustiado.

Al no obtener respuesta, se levantó y corrió a buscar a la encargada del turno.

—¿Qué sucede? —le preguntó la obesa enfermera.

—Mi esposa se despertó, pronunció mi nombre, me oprimió la mano y entró de nuevo en estado de inconsciencia.

Al llegar a la habitación la corpulenta figura, observó con atención a la paciente y después de comprobar las cifras normales reflejadas en el monitor, de examinar los reflejos de la paciente, la reacción de sus pupilas a la luz y el suministro de oxígeno a la sangre, opinó ya más tranquila.

—No me extraña lo sucedido, le hemos administrado una droga relajante muscular para mantenerla descansando tranquila y evitarle alteraciones y accesos de tos lo cual sería contraproducente para su cerebro, en estos momentos. Entretanto el ventilador mecánico conectado a la tráquea, a través de la nariz, está respirando por ella.

—Vengo para llevarme a la señora —dijo un joven negro, alto y delgado de cabellos entorchados, ojos y labios protuberantes, auxiliar de enfermería, acercándose a la cama de Vivian y empujando una aseada camilla desprovista de almohada—. El médico ha ordenado una tomografía computarizada.

—Váyase a descansar, doctor —le sugirió la afable enfermera, observando el excesivo cansancio que reflejaba su semblante. Este día ha sido agotador para usted —agregó convencida.

La recuperación de Vivian comenzó como un proceso lento y difícil, exigiendo de ella grandes dosis de fuerza de voluntad, paciencia y tolerancia. Su estadía en el hospital se prolongó por varios meses, lo que significó para Víctor viajar con frecuencia a Canadá con la idea de repartir su tiempo y dedicación entre su esposa y los pacientes que tenía en Boca Ratón.

Lea Rotlewicz ya estaba en el tercer piso del hospital canadiense. Decidida avanzó por el amplio pasillo, siguiendo al pie de la letra las instrucciones recién impartidas por la señorita encargada de la recepción, mientras su corazón latía acelerado ante la expectativa de reunirse, en pocos minutos, con su nuera Vivian.

Porte señorial... ademanes elegantes y un gusto refinado en el vestir..., definían a esta abnegada y extraordinaria mujer, de cabellos grisáceos... frente despejada... pómulos sobresalientes... óvalo de cara cuadrado... ojos azulados de chispa fulgurante... cuerpo esbelto y juvenil... a pesar de contar con cincuenta y cuatro años de edad.

Llamó a la puerta dos veces consecutivas y al tercer intento escuchó la palabra "adelante".

Entró emocionada y al divisar a Vivian sentada en un sillón de cuero carmelito, ataviada con una sedosa bata aguamarina, corrió a abrazarla, mientras incesantes lágrimas se deslizaban por el rostro de su hija política.

—Tan pronto regresó Víctor a Boca Ratón —dijo conmovida— tomé la decisión de venir a verte. Te imaginé solitaria y quise acompañarte. Tus padres no han podido viajar debido a la difícil situación económica que atraviesan en estos momentos.

Una oleada de gratitud invadió a Vivian hasta lo más profundo de su ser y pese a no pronunciar las palabras adecuadas sobre aquel sentimiento tan sublime, la abrazó fuerte muy fuerte, sollozando, queriendo trasmitirle su sentir.

—No llores más, querida mía, has pasado por una experiencia en extremo dolorosa —dijo apenada, viendo la abultada y enrojecida incisión extendida desde el borde superior de la frente hasta la región posterior de la cabeza, el futuro se encargará de recompensarte con creces por la agonía vivida. No volverás a temer por tu existencia con respecto a esta enfermedad la cual ha sido erradicada de raíz y tu esposo quien te adora continuará brindándote amor y felicidad.

—Pero... —añadió Vivian consternada—, existe un factor importante y decisivo para lograr la realización de ese futuro que usted menciona.

Una expresión de duda marcó el bondadoso rostro de Lea Rotlewicz, y sus párpados se movieron rápidos y nerviosos al escuchar el siguiente razonamiento:

—Quiero tener un hijo. ¡A costa de lo que sea!

Al cabo de un mes el doctor Samuel Guberek emitió en su consultorio privado el diagnóstico post-operatorio conclusivo enfrente de Vivian, de Víctor y de su madre.

—Estoy bastante satisfecho con los resultados obtenidos como consecuencia de la operación y con la excelente recuperación de la paciente. Sin embargo —agregó acentuando las palabras—, debemos tomar ciertas precauciones permanentes para evitar una posible recaída.

—¿A qué se refiere, doctor? —le preguntó Víctor con un dejo de ansiedad en la voz.

—Le he prescrito a Vivian una droga anticonvulsiva la cual debe tomar sin interrupciones por el resto de su vida para evitar cualquier sorpresa desagradable, pero debido a sus efectos secundarios es totalmente incompatible con el embarazo.

—¡Oh no, no puede ser! —gritó Vivian histérica.

Capítulo 5

El retorno de la familia Rotlewicz a su residencia se vio envuelto en una densa nube de melancolía. La idea de nunca jamás llegar a detectar las pisadas de un niño sobre el mármol, de no escuchar en el ambiente sonoras carcajadas infantiles o de no poder percibir la inocente mirada de unos ojos tiernos, curiosos ante lo desconocido, se les hacía intolerable. Vivian decidió ahogar su pena sumergiéndose por interminables horas en el piano y en su profesión de decoradora de interiores, mientras que Víctor trataba de consolarla y de resignarse a su suerte dedicando prolongados horarios a su consultorio.

Cinco desalentadores y penosos años transcurrieron en esa forma, cuando de repente sucedió el milagro: estaba embarazada.

Un peculiar sonido producto del chisporroteo fulgurante de las llamas en su incesante bailoteo sobre los ardientes troncos de la chimenea, atrajo la atención de Vivian sacándola de sus cavilaciones y haciéndola encarar con la realidad del momento.

—No le contaré a nadie sobre mi estado de gravidez

hasta tanto el niño esté formado —exclamó en voz alta, levantándose del sofá con movimientos rápidos—, de lo contrario tratarán de hacerme abortar y yo ¡jamás lo permitiré aún a riesgo de mi propia vida!

Un brillo inusitado y perturbador se prendió en sus ojos verdes, haciendo eco a las rápidas palpitaciones de su corazón.

—Debo reducir poco a poco la droga anticonvulsiva que me prescribió el médico hasta eliminarla por completo —pensó inquieta caminando por el recinto, sobre todo durante la etapa fetal en la cual se encuentra mi bebé. Ojalá mi cuerpo reaccione favorablemente a la ausencia de ella, de lo contrario las consecuencias podrían ser funestas.

El tiempo continuó su curso y seis meses de espera transcurrieron mientras la angustiosa expectativa de Vivian se intensificaba al observar los cambios evolutivos en su cuerpo.

—¡Oh Dios mío! rogaba con fervor, no permitas que nada me suceda y pueda llevar a feliz término el advenimiento de mi retoño.

Cierta mañana de primavera, estando Vivian inclinada cultivando flores en su jardín, se le acercó su suegra de improviso.

—La rosaleda luce excepcional —opinó impresionada—, observando los detalles a su alrededor.

—Le he dedicado mucho esfuerzo y paciencia —respondió agradecida colocando la espátula de metal sobre el saco de fique cargado de abono, en tanto se levantaba sosteniendo el ala de su sombrero de paja para evitar un arrebato del viento.

—Deseo conversar a solas contigo.

Un certero presentimiento, la hizo estremecer.

—¡Ya conoce mi secreto..! —exclamó temerosa.

—Así es —le respondió Lea con expresión apesadumbrada—. Al principio viéndote aumentar de peso lo dudaba, conociendo tu gran sentido de responsabilidad y teniendo en cuenta la advertencia del médico de evitar a toda costa un posible embarazo dadas las temibles secuelas derivadas de la droga anticonvulsiva, pero ahora estoy segura. ¿Cómo has podido arriesgar tu vida y la de esa inocente criatura que llevas en tus entrañas?

Vivian afligida desvió la mirada del rostro acusador y la fijó en un árbol frondoso, su preferido, de tronco robusto, legendario, ramas veteadas largas y demarcadas e infinidad de hojas lozanas flotando a la intemperie.

—¡No le estoy haciendo daño a mi bebé! —dijo convencida—. He dejado de tomar la medicina.

—¡¡No puedo creerlo!! —respondió Lea alarmada.

—La fui disminuyendo gradualmente mientras observaba con minuciosidad las reacciones de mi cuerpo, hasta eliminarla de un todo.

—¿Lo consultaste con Víctor?

Vivian denegó repetidas veces con la cabeza.

—Pero... ¿por qué, hija?

—Me hubiera incitado a abortar negándose a exponer mi vida, sugiriéndome una y otra vez la idea de adoptar un niño.

—Por favor díselo —le suplicó Lea asustada—, él siendo el padre de la criatura tiene derecho a saberlo y como médico podrá evaluar profesionalmente la situación y ayudarte a sobrellevar de la mejor manera los últimos meses del embarazo.

—¡No es posible..! —exclamó Víctor incrédulo oprimiendo con fuerza su cabeza entre las manos.

—Lamento no haber podido decírtelo antes pero temía tu reacción —musitó Vivian palideciendo.

—Tú no comprendes la gravedad del caso —arguyó molesto—. Voy a pedir de inmediato una conferencia a Montreal con el doctor Guberek, él como especialista en la materia podrá determinar los próximos pasos a seguir.

Víctor puso el receptor del teléfono en su lugar y quedó inmóvil, sentado frente a la consola de granito y madera tallada, meditando sobre la conversación recién sostenida con su colega, antes de encaminar sus pasos de regreso hacia la sala donde, con toda seguridad, lo esperaban Vivian y su madre.

—No hay nada más que hacer —pensó desesperado—, sino tener fe, rezar y esperar pacientemente los resultados...

Capítulo 6

—¡Es una hermosa niña! —exclamó el obstetra emocionado, quién a pesar de su intervención en innumerables partos continuaba experimentando una intensa excitación al sostener entre sus manos a aquella recién nacida, un ser tan tierno, candoroso y diminuto, exhalación de vida y de inocencia.

Vivian respiró aliviada al escuchar en el ambiente el vigoroso lloriqueo infantil, sintiéndose redimida de un enorme peso el cual durante interminables meses le oprimió el corazón. En tanto, Víctor sujetándole la mano con los ojos inundados por un avasallador torrente lagrimal elevaba al Todopoderoso un voto sincero de agradecimiento al saber a su esposa e hija a salvo de todo peligro.

A partir de aquel instante, un torbellino de regocijo llenó la existencia de cada integrante de esa familia. Una suntuosa fiesta fue ofrecida en casa de Abraham y Lea Rotlewicz con la participación de una vasta concurrencia, con el objeto de celebrar el bautizo oficial de su adorada nietecita a quien pusieron el nombre de Evelyn Rotlewicz en honor a la distinguida e inolvidable bisabuela paterna.

—¡Por fin estamos solos después de tanta algarabía! —exclamó Víctor, acercándose a su esposa y rodeándola con sus vigorosos brazos.

—Ha sido una velada encantadora —le susurró ella al oído.

—Más encantadoras son mis dos mujercitas —agregó él jocoso dándole un apasionado beso en la boca.

—Vamos a ver a nuestra pequeña hija en su aposento —sugirió Vivian tan pronto recobró el aliento, halando a su esposo de la mano y corriendo emocionada por los peldaños de la escalera hasta alcanzar el rellano del segundo piso.

La nodriza los saludó al pasar, vislumbrando en sus miradas intenso amor, ternura y orgullo suscitados por aquel ser angelical quien dormitaba en aquellos instantes.

—Ojalá estuviera despierta, —dijo Víctor decepcionado.

—Es una criatura ejemplar —aseguró la niñera con un dejo profesional.

Cinco años maravillosos de vida transcurrieron como en un sueño y en aquel preciso instante Evelyn, ataviada con un vaporoso vestido de organdí blanco empinada sobre sus relucientes zapatos de charol negro, soplaba las centelleantes velitas colocadas con esmero sobre una magnífica torta decorada con una gran variedad de rosas elaboradas en pastillaje de tonos pasteles, sobresaliendo el aguamarina, su color favorito.

—¡Bravo, bravo! —gritaba casi un centenar de chiquillos aplaudiendo exaltados.

Víctor emocionado no perdía detalle escudando el globo ocular con una moderna cámara filmadora, desplazándose por doquier y acaparando por momentos la atención de su idolatrada hija, una chiquilla candorosa de rosáceo semblante coronado con bucles color del sol poniente y galardonado con dos extraordinarias gemas azuladas de transparencia inusitada, su ágil y armonioso cuerpo se movía con una gracia sin igual.

Vivian la estrechó con fuerza deseándole un mundo colmado de dicha, salud y bendiciones.

Evelyn se desprendió de aquel abrazo y besando con cariño la tersa mejilla de su progenitora, tomó de la mano a Natalie, su mejor amiga, y sin mucho pensarlo se alejó corriendo hacia donde se encontraban sus compañeros de juego.

La orgullosa madre acompañó su hacer con una tierna mirada, cuando de repente por unos segundos rememoró el temor y la ansiedad vividos durante el embarazo. Su cuerpo se tensó palideciendo ante la idea de llegar a perderla.

—¿Qué te sucede amor mío? —le preguntó Víctor acercándose a ella preocupado tan pronto observó su reacción a través del lente de la máquina.

—No es nada tan solo recordaba el pasado y me asusté, por favor olvídalo.

—¡Papi, mami, vengan acá voy a desenvolver los regalos!, —oyeron decir a Evelyn emocionada.

—¡Vamos entonces! —respondió Víctor de inmediato.

El día dio paso a la noche y después de cerciorarse de que su hija dormía, Vivian cerró con cuidado la puerta de la recámara temiendo despertarla y dirigió sus pasos al dormitorio principal donde se desvistió. Abotonó la dormilona de seda y encaje lila, calzó las zapatillas que le hacían juego y se sentó sobre la banqueta escarlata colocada frente al original tocador diseñado en hierro forjado iniciando como de costumbre con delicados ademanes femeninos el cepillado de su abundante y lustrosa cabellera.

Desde la cama Víctor la observaba reflejada en el espejo y deslumbrado con la esbelta figura de su esposa no quiso esperar más y la llamó a su lado. Ella se levantó complacida dejando olvidado el cepillo sobre la cómoda, apagó la luz y se deslizó entre las sedosas sábanas correspondiendo al abrazo de su amado.

Los dos cuerpos rodaron por el espacio circunscrito besándose, acariciándose, sintiendo cómo una gigantesca ola de pasión los envolvía, cuando de repente retumbó en la casa un grito desgarrador.

—¿Qué es eso? —preguntó Vivian sobresaltada levantando la cabeza.

—No lo sé, —respondió él inmóvil con voz enronquecida.

El lamento se repitió con mayor intensidad.

—¡Es Evelyn! —exclamó ella levantándose precipitada.

Ambos agitados irrumpieron en la alcoba de su hija y desde la puerta observaron cómo su cuerpo se retorcía con movimientos violentos y descontrolados mientras en el desencajado rostro se reflejaba un intenso dolor.

—¡No se los lleven, por favor! ¡Nooooo..! —vociferaba entre sollozos despavorida con los ojos cerrados.

—Tranquilízate hijita —le pidió Vivian acercándose a

ella—, tú padre y yo estamos aquí contigo.

—¡No me abandones, Duvid! ¡No podría vivir sin ti! —continuó suplicando la niña estremecida, mientras sus progenitores entrecruzaban una rápida mirada colmada de duda e incertidumbre.

—Despierta Evelyn —exclamó Víctor con voz autoritaria, en tanto la levantaba de la cama.

—¿Dónde estoy?, ¿qué ha sucedido?, —preguntó confundida abriendo los ojos.

—Has tenido una horrible pesadilla —le respondió Vivian abrazándola—, pero ya todo pasó, acuéstate y vuelve a dormirte.

—Buenas noches princesa —murmuró Víctor arropándola, mientras rozaba con los labios la delicada mejilla de la niña.

—Buenas noches, —les respondió adormecida.

—Ha sido un día bastante agitado para ella —agregó Vivian cerrando la puerta de la habitación.

El enigmático sueño volvió a repetirse en diversas ocasiones y a intervalos irregulares ante la angustiosa frustración de unos progenitores confundidos quienes no lograban comprender el significado entreverado en las incongruentes palabras de su pequeña hija.

Cierta mañana Vivian recibió una llamada de la directora de la academia de Boca Ratón y advirtiendo la premura reflejada en las palabras de tan ilustre señora, dejó a un lado su labor y vistiéndose apresurada se dirigió a entrevistarse con ella.

—Tome usted asiento, señora Rotlewicz —le solicitó la pedagoga tan pronto arribó a su oficina. ¿Desea usted tomar una taza de té?

—Me encantaría —respondió ella acompañando su decir con una tierna sonrisa.

Mientras la señora Sudarsky solicitaba a su secretaria el pedido de la merienda, Vivian aprovechando el momento observó en detalle los antiguos y ponderosos muebles tallados en madera oscura; los anaqueles concordantes abarrotados con libros de diversas nominaciones y estilos; los cuadros de arte enmarcados con moldura dorada de la época del renacimiento, todo aquello dentro del más depurado gusto fiel reflejo de su propietaria, quien en aquellos instantes lucía un modelo en tono gris confeccionado en seda por Ann Klein y complementado con una gruesa cadena y aretes en oro mate. El moño liso al estilo Grace Kelly, conformado por un cabello negro salpicado de boscosas canas, constituía el marco para el regordete y bonachón rostro de la rectora de dicha institución.

—Ante todo deseo agradecerle mi querida señora Rotlewicz, —dijo mientras se sentaba en la mullida poltrona de gamuza verde oliva localizada frente al escritorio— el hecho de haber venido a reunirse conmigo de inmediato. Tan pronto conozca los motivos de tanta premura usted me concederá la razón.

Ella respondió con un movimiento de cabeza afirmativo, permitiéndole continuar.

—Desde hace aproximadamente tres meses, tanto las profesoras de Evelyn como yo, notamos un cambio bastante marcado en su comportamiento. Al principio decidimos observarla con minuciosidad, no fuera a ser producto de la edad y nos estuviéramos preocupando en vano, pero con el transcurso de los días la transformación se ha ido haciendo cada vez más evidente, la suavidad y la dulzura, características innatas de su personalidad, han desaparecido dando paso a una criatura malcriada, llorosa y desobediente.

El cuerpo de Vivian se contrajo involuntariamente al registrar las palabras emitidas por su interlocutora, su rostro se crispó palideciendo y sus ojos se abrieron desmesurados reflejando en ellos consternación y espanto.

—Sus compañeros de clase le huyen pues ella los trata mal —continuó diciendo la directora—, inclusive Natalie, quien hasta ahora era su mejor amiga, evita su presencia. Sus notas han decaído visiblemente y su proceder se ha vuelto intolerable. Quisiera saber si usted, su esposo, o algún familiar cercano a ella han notado cambios aparentes en su conducta dentro del seno familiar.

—Pesadillas... —susurró Vivian.

—¿Ocasionales o repetitivas?, —preguntó la señora Sudarsky— ¿Han podido descifrar su contenido?

—Al principio se presentaron espaciadas, pero en el último mes se repiten frecuentemente y con mayor intensidad. Durante el tiempo de duración del sueño Evelyn se transforma, experimentando fuertes arrebatos de violencia alternados con dolor, súplica y llanto. Pide clemencia para alguien llamado Duvid y ruega para que no se lo lleven de su lado, pero también hemos escuchado otros dos nombres: Ariel y Ethel.

—¿Reconoce usted alguno de esos nombres, señora Rotlewicz?

—En realidad no —contestó ansiosa—. Hemos logrado establecer gracias a la asistencia de mi suegra, quien habla con fluidez el idioma yiddish, el origen del nombre

Duvid el cual corresponde a David pero es extraño oírlo en labios de mi hija ya que ella desconoce esa lengua, a la cual no ha estado expuesta en ningún momento de su vida. En cuanto a Ariel conocemos a algunas personas, ya mayores, dentro de la comunidad con ese nombre, aunque dudo mucho que Evelyn haya estado en contacto con alguna de ellas. El nombre Ethel sí es extraño, nunca he conocido a nadie llamado así, tengo una amiga llamada Etty pero el nombre dista mucho de ser igual.

Después de aquella entrevista y con la debida aceptación de los padres de la niña, la directora del colegio asignó el caso de Evelyn a la doctora Peggy Colton, psicóloga del plantel, graduada *Suma Cum Laude* en la universidad de Harvard.

Capítulo 7

—*Azoi wil ich mehr nisht leibn. Main welt, un zei, iz gurnisht wert. Main Gott, shrek zei, ober shtruf zei nisht mitn toit, ich beit dich.*[1], —suplicaba Evelyn a gritos mientras su cuerpo se contorsionaba salvajemente entre las sábanas y sus ojos permanecían sellados.

—Hija, hija, despierta —le pidió Vivian insistente tan pronto llegó a su recámara tratando de calmar aquella desenfrenada y aterradora danza—. ¡Por favor, no quiero verte sufrir de esta manera!

—¿Qué sucede, mamá?, ¿por qué lloras? —le preguntó la joven súbitamente con voz temerosa sentándose de inmediato a su lado.

—Tuviste otro sueño pero esta vez fue inverosímil. ¡Estabas hablando en yiddish!

—¡Imposible! ¿Cómo puedo hablar un idioma totalmente desconocido para mí?

—Yo tampoco lo comprendo cariño, pero... dada la seriedad del caso debemos conseguir un especialista en la

---

[1] Así no deseo vivir más, mi mundo sin ellos no tiene sentido. Dios mío asústalos pero no los castigues con la muerte, te lo suplico.

materia que pueda explicarnos el origen de tus inquietudes.

—La doctora Colton ha sido de gran ayuda para mí —exclamó Evelyn desconcertada.

—Reconozco su valía y las intensas horas de trabajo dedicadas a tu caso durante varios años, eso ha servido para ayudarte a sobrellevar la agonía y para lograr una mejor convivencia con tus compañeros y con las personas que compartimos tu vida incluyendo a Jonathan, ese joven a quien tanto quieres. Pero nuestra incertidumbre continúa, es por eso que considero necesario conocer su procedencia de lo contrario no lograrías alcanzar esa paz tan necesaria para ser feliz.

La joven, perpleja, recapacitó por un momento.

—Si tú crees en la posibilidad de suprimir de mi vida esas horrorosas pesadillas con la intervención de un médico, entonces búscalo, yo estoy dispuesta a colaborar con él en todo sentido.

—Así lo haré —replicó Vivian convencida—. Ahora descansa, mi amor, mañana debes madrugar para llegar a tiempo a tus clases. Si continúas esforzándote de la manera como lo has hecho hasta ahora, vas a lograr graduarte con honores. Voy a acompañarte durante un rato mientras te duermes aprovechando la ausencia de tu padre, él salió hace dos horas para atender un parto.

—Gracias —respondió Evelyn bostezando, se arropó hasta el reborde del cuello con la frazada ambarina, acostándose de inmediato de cara hacia la pared como era su costumbre—. Eres la mejor madre del mundo —alcanzó a decir antes de caer en un sueño profundo y reparador.

Vivian se recostó sobre dos almohadones revestidos en tela de algodón estampada con diversos motivos geométricos en tonalidades aguamarina y amarillo, adheridos a la silla mecedora de madera clara y permaneció en silencio rodeada por las sombras proyectadas en la pared producto de la penumbra reinante en la habitación, cuestionando su mente, una y otra vez, sobre la razón del cambio de idioma en el sueño de su hija y del origen de esas extrañas frases emitidas con una claridad inconcebible.

Evelyn tuvo un nacimiento sin tropiezos —pensó ensimismada—, la primera fase de su niñez transcurrió plácida y feliz, pero fue a los cinco años cuando extraños sucesos empezaron a modificar su existencia.

No puedo comprenderlo, no puedo, —exclamó agobiada, sintiendo la tibieza de dos gruesas lágrimas empañar su mirada. Esperó un rato tratando de tranquilizarse y desviando la mirada alcanzó a atisbar, arrimados contra una pared de la alcoba, por petición expresa de su dueña, el ostentoso moisés, digna pieza del más exigente coleccionista de antigüedades, decorado con seda y finos encajes franceses en matices crema; el caballo de madera con su larga crin de estopa, acicalado con resaltantes y múltiples colores, regalo de los abuelos paternos, y la encantadora muñeca de trapo confeccionada con inmenso cariño por ella misma, ataviada con un traje azul cielo bordeado de ribetes blanquecinos, dos largas y aterciopeladas trenzas color del trigo y una perenne sonrisa encarnada en su rostro.

Cansada cerró los ojos, no pudiendo evitar que oscuros presentimientos perturbaran todo su ser. Angustiosas lágrimas fluyeron de sus ojos, y fue en aquel preciso instante cuando Víctor abrió la puerta de la recámara.

—¿Qué te sucede, amor mío?, ¿por qué lloras de esa manera? —le preguntó inquieto.

Vivian se levantó de la mecedora y haciéndole señas le solicitó que la siguiera. Una vez afuera, lo abrazó con fuerza como si la vida se le fuera en ello y calmándose de momento le explicó lo sucedido.

—¡No es posible! —respondió Víctor incrédulo—, ella nunca ha estado expuesta al yiddish. Mi madre lo habla desde niña, pero nunca me transmitió sus conocimientos y menos aún a su nieta. Solamente trató de saber si Evelyn dominaba ciertas palabras, sin obtener ningún resultado, cuando tú le mencionaste el nombre de Duvid, pronunciado en varias de sus pesadillas. Qué extraño es todo esto, agregó pensativo mientras se frotaba, con fuerza, la barbilla.

—He llegado al convencimiento —respondió Vivian ansiosa enfrentando sus ojos—, de que Evelyn necesita un buen psiquiatra capaz de llegar a la raíz del enigma. Es inhumano continuar de esta manera, permitiendo que nuestra hija atraviese por aguas tormentosas.

—Estoy de acuerdo querida mía, voy a dar los pasos necesarios para conseguir a ese médico. Empezaré preguntando entre mis colegas e investigaré a fondo en el hospital, hasta conseguir a la persona idónea para nuestros propósitos.

Al cabo de dos semanas de intensa búsqueda, Víctor logró conseguir a un especialista en psiquiatría con una experiencia de veinticinco años de práctica ininterrumpida y extraordinarias recomendaciones, ese mismo día solicitó una entrevista con el doctor Carl Eidelman, la cual le fue concedida de inmediato dada su condición de facultativo en la práctica de la medicina dentro de la misma institución.

—Vivian por fin he conseguido al experto en casos similares al de nuestra hija —exclamó Víctor a través de la línea telefónica—, ya intercambié algunas ideas con él, te las contaré en detalle tan pronto llegue a la casa, entretanto prepara a Evelyn para la cita de mañana a las tres de la tarde.

—Así lo haré mi amor, hasta la noche.

La sala de espera correspondiente a los consultorios de la Asociación Berg, Eidelman y Freedman estaba atestada de pacientes de diferentes procedencias y longevidad, sus rostros reflejaban ansiedad, resignación, o monotonía ocasionados por la espera.

Los tres integrantes de la familia Rotlewicz penetraron en el recinto en el preciso instante en el que una enfermera añosa y de reducida estatura solicitaba su presencia y adelantaron el paso hasta donde ella se encontraba.

—Buenas tardes —los saludó ya casi de espalda a ellos—, por favor síganme, el doctor los está esperando.

—¡Adelante! —concedió el psiquiatra en tono sosegado tan pronto escuchó algunos toques en la puerta, levantándose del sillón ejecutivo forrado en cuero azul marino.

Víctor avanzó seguido de cerca por su esposa y su hija.

—Gracias doctor Eidelman, por concedernos esta cita de inmediato.

—Me siento honrado con su presencia en mi consultorio —respondió el galeno, extendiendo la mano para darle un amigable apretón—, por favor tomen asiento.

En tanto ocupaban sendas sillas, Vivian aprovechó para observar el porte del facultativo: edad mediana... alto... esbelto... rostro ovalado de mirada sincera y amplia sonrisa con un brillante cabello color negro azabache, salpicado con finas hebras plateadas... ademanes afables y decididos, prueba de una procedencia acomodada e intachable.

Respiró aliviada presintiendo lo acertado de la decisión de su esposo, no solamente de escoger al médico adecuado sino a una persona capaz de albergar profundos sentimientos compasivos. Desvió la atención hacia la conversación ya establecida entre los dos colegas. Víctor, hizo una breve pausa y prosiguió diciendo:

—A pesar de la considerable ayuda profesional otorgada por la doctora Peggy Colton a mi hija durante los últimos años, las pesadillas continúan con mayor vigor y frecuencia. En ellas, la ansiedad y el dolor contenidos en el rostro de Evelyn se intensifican con el paso del tiempo. Los ruegos y la resignación se hacen evidentes en algunos sueños mientras que la violencia se apropia de otros.

—Ahora conociendo el problema a grandes rasgos comprendo la aflicción con la que ustedes viven a diario —sostuvo el doctor Eidelman lastimoso—. Pero créanme que si en mis manos está la recuperación de esta jovencita, no duden del empeño y la dedicación con los cuales buscaré el origen del problema y una vez logre conseguirlo lo arrancaré de raíz. Comenzaré haciendo uso de métodos científicos tradicionales pero trataré de limitar en lo posible los medicamentos antidepresivos utilizados comúnmente para el tratamiento de ansiedades y miedos crónicos, los cuales en lugar de tener la facultad de curación se limitan en la mayoría de los casos a enmascarar los síntomas presentando un cuadro ficticio.

Capítulo 8

Desde hacía una hora y cuarto la inconfundible voz del profesor Edgar Johnson, catedrático de la facultad de arquitectura de la Universidad Atlántica de Boca Ratón en la Florida, se escuchaba clara y precisa exponiendo con pasión la vida, obra y muerte del notable arquitecto Addison Mizner.

La generalidad de los alumnos -embelesados como estaban con la época y el tema del relato-, no perdía palabra y por momentos aumentaba la concentración, manteniendo la vista fija en la baja y regordeta figura del instructor de ásperas canas grisáceas desparramadas sobre una cabeza desnuda en cuyos pronunciados ángulos se apoyaban lentes circulares semejando acróbatas al compás del continuo movimiento del ser, el cual iluminado con una vasta aura de conocimientos transfería a aquellos intelectos evolucionados el profundo impacto del genio innovador de un individuo capaz de dotar el estilo de vida español-mediterráneo y otorgarle ese distintivo sabor a construcciones multimillonarias de gran envergadura.

Finalizó la clase con la semilla de la inquietud danzando en sus mentes y con la promesa de continuar escarbando las posibilidades que dicha información aportaba a sus futuras profesiones.

Evelyn recogió de inmediato los libros y papeles disgregados sobre su escritorio y después de colocarlos en el maletín marrón elaborado en cuero de culebra, regalo de su novio, salió apresurada dirigiendo los pasos hacia la cafetería de la universidad asignada a los profesores y alumnos del plantel. Tan pronto entró buscó con avidez a Jonathan, quien probablemente tendría un buen rato esperándola.

Una amplia sonrisa se distendió en su rostro enamorado al divisarlo y admiró una vez más el cuerpo atlético y bronceado de prominente altura... el rostro cuadrado e interesante enmarcado con una abundante melena de gruesos cabellos castaños claros... y los almendrados ojos aguarapados de mirada penetrante e inquisitiva...

—Hola amor mío —la saludó él, abrazándola.

Ella correspondió de inmediato al cariñoso saludo.

—Lamento haberme retrasado pero la clase duró más tiempo de lo programado y no caí en cuenta de ello hasta que se terminó, debido al tema que el profesor nos estaba explicando referente al estilo mediterráneo utilizado por el arquitecto Mizner en los palacetes que construyó a comienzos del siglo XX. ¡Me parece sensacional! La herencia española se refleja de manera impresionante.

—Ya veo que todo lo concerniente a arquitectura te encanta, estoy parado frente a una futura arquitecta de gran renombre —aseguró Jonathan divertido.

—Sí... sí hombre, cómo no —le contestó ella entre risas—. Ahora comamos algo me muero de hambre.

Finalizaron la comida y de común acuerdo salieron a caminar por los entornos de la universidad.

—Sentémonos debajo de aquel frondoso árbol frente al lago —propuso Jonathan al cabo de un largo trecho, señalando la amplia sombra proyectada por un samán de robustecido tronco legendario y frescas hojas reflejadas en el vasto espejo de un azul transparente y apacible.

—Deseo hablar contigo —agregó serio con voz trémula y colocando el brazo sobre la espalda de ella la dirigió con delicadeza hasta el lugar mencionado.

Una vez allí se sentaron sobre una extensa alfombra de grama fresca recién cortada y aprovechando la cercanía de su novia la estrechó con fuerza entre sus vigorosos brazos reteniéndola por un tiempo indefinido, y luego procedió a besarla con una pasión desbordante dejando por sentado su amor y su deseo.

—¡Te quiero con toda mi alma, Evelyn! ¿Aceptarías ser mi esposa? —le pidió él con vehemencia en tanto sacaba del bolsillo del pantalón de gabardina color crema, una cajita de joyería forrada en terciopelo azul de la cual surgieron, al ser destapada, millares de reflejos luminosos provenientes de un diamante solitario de fondo azul, rodeado de diez chispas incrustadas con maestría, sobre una montura rusa elaborada en oro blanco.

Evelyn titubeó deleitada, observando la maravillosa ofrenda, al rato desvió la mirada de la sortija, reflejando en su bello rostro el intenso amor que impregnaba todo su ser por aquel hombre que en aquellos momentos le proponía su más anhelado deseo.

Separó los labios dispuesta a corresponder a aquel sentimiento tan profundo y sincero responsable de entrelazar estrechamente sus vidas, cuando de repente un recuerdo aborrecible se atravesó en el camino.

—¡No puedo aceptar tu propuesta, no puedo!, —respondió ella angustiada, sintiendo, de repente, el calor de dos abultadas lágrimas empapando sus sonrojadas mejillas.

—¡Pero qué dices, Evelyn! ¿Acaso has enloquecido? —le preguntó él, descompuesto.

Un convulsionado llanto le impidió contestar enseguida y cubriéndose la cara con las dos manos dio rienda suelta a su dolor, en tanto Jonathan incrédulo la observaba.

—Tú no comprendes amor mío —dijo ella entre sollozos, tan pronto empezó a recobrarse del tormentoso episodio.

—Por supuesto que no comprendo —exclamó enfadado—, yo sé que tú me quieres con la misma intensidad que yo te quiero, entonces, ¿a qué se debe tu negativa?

Dudó por un momento mientras secaba con un pañuelo el residuo acuoso de su rostro, y respondió precisa...

—Son las pesadillas, esas horrendas pesadillas de las que te he hablado, las cuales aparecen en la actualidad tan a menudo que dejan mi vida convertida en un verdadero caos.

—Eso no tiene importancia cariño —añadió él ya más calmado—, nuestro amor debe sobrepasar cualquier obstáculo que se le presente. Queremos estar juntos para siempre en las buenas y en las malas y edificar un matrimonio basado en la unidad. Yo estoy dispuesto a compartir contigo todo, inclusive tus pesadillas y espero poder ayudarte a erradicarlas por completo.

—Eres un ser muy especial, Jonathan y aprecio tus

palabras pero no puedo permitir que la agonía que viven mis padres a diario se transfiera a ti, te quiero demasiado para verte rodeado de tanto dolor e incertidumbre. No he logrado comprender hasta ahora el mensaje oculto en mis sueños, pero el sentimiento de pertenecer a aquellos seres, en esa época, me invade por completo.

Quiero ser tu esposa lo deseo desde lo más profundo de mi ser pero antes de que eso suceda necesito tener paz interna y sentirme libre, de lo contrario no podría entregarme en cuerpo y alma a nuestra relación y dudo que lograríamos encontrar una felicidad verdadera bajo esos términos.

Jonathan, cabizbajo, apretó los puños decepcionado.

Ella percibió el gesto de desencanto, se aproximó a él y levantó el querido rostro entre sus manos estampando en su boca un beso apasionado.

—Por favor amor mío compréndeme y dame la oportunidad de enfrentarme a esta locura. Ayer mis padres y yo tuvimos una reunión especial con el doctor Carl Eidelman en la cual nos expuso sus planes de variar el tratamiento. Como te mencioné antes, él es un profesional conservador pero de mente amplia. Durante el año y medio en el cual he estado sometida a escrutinio, ha estado utilizando métodos terapéuticos tradicionales tratando de extraer de mí el máximo de información posible para dictaminar los factores básicos causantes de los síntomas enmascarados en mis pesadillas, pero en vista de que los resultados obtenidos hasta este momento son casi nulos ha decidido probar con hipnoterapia, con la idea de evitar represiones y utilizar mi subconsciente en la búsqueda de experiencias acontecidas durante mi niñez, adolescencia o en vidas pasadas y utilizarlas en beneficio de mi vida actual.

—He leído algunas crónicas científicas al respecto —agregó él preocupado—, el proceso es lento y difícil, y en el caso específico de las vidas pasadas existen todavía muchas incógnitas.

—Eso es verdad, Jonathan. Pero mis padres y yo tenemos depositada plena confianza en el doctor Eidelman, no solamente por las excelentes referencias que de él recibimos sino por el profesionalismo con el que siempre se ha conducido durante nuestras sesiones.

—¿Entonces has decidido continuar con ese método? —preguntó curioso.

—Sí, amor mío —respondió ella cariñosa tomándolo de las manos—, en estos momentos yo tengo diecinueve años y tu veintitrés, somos jóvenes y a pesar del intenso deseo que tenemos de unir nuestras vidas lo más pronto posible, debemos esperar un tiempo prudencial hasta que podamos a aclarar el deplorable misterio que encierra mi alma.

Capítulo 9

Evelyn, siguiendo las instrucciones del doctor Eidelman, se acostó sobre el diván de cuero marrón localizado frente del mullido sillón ocupado en aquellos momentos por la imperante figura del galeno. A pesar de las innumerables explicaciones que él le había proporcionado, se sentía inquieta e insegura respecto a la hipnoterapia. Comprendía que a través de la relajación profunda del cuerpo podría llegar a obtener una concentración enfocada, agudizando la memoria para evocar incidentes ocurridos en el pasado, que al estar enmascarados alteraban su existencia al influir de manera negativa sobre su psiquis, creándole patrones de conducta inadecuada.

—Ahora, estimada jovencita —escuchó que le decía el médico con voz enronquecida, interrumpiendo sus pensamientos—, para lograr obtener una hipnosis profunda necesito contar con su absoluta cooperación. Ante todo es necesario llegar a un relajamiento total y para lograrlo comenzaremos concentrándonos en su respiración.

Por favor, cierre los ojos e inhale aire por la nariz... reténgalo por algunos segundos y luego exhale... lentamente... permitiendo que su cuerpo se libere de tensiones y ansiedades. Continúe respirando, inhale... retenga el aire y exhale... poco a poco. Concéntrese de un todo en su respiración. Despeje su mente de ideas, imagine esas ideas como nubes que atraviesan el cielo de su mente. Visualice su músculos, relájelos... relaje los músculos de su cara, su mandíbula, su cuello, continúe relajando los hombros, los brazos, las manos. Relaje la espalda, la cadera, los órganos internos, descienda hacia las piernas, relájelas, los pies, los dedos del pie, relájelos.

Todo su cuerpo está relajado y en paz. Experimente la gravedad, su cuerpo se hunde, más y más, en el diván...

Visualice una luz blanca entrando en su cuerpo, dicha luz posee una intensa luminosidad la cual va penetrando despacio, muy despacio, hasta lo más recóndito de su ser relajando cada músculo, cada órgano, cada nervio...

Concéntrese únicamente en mi voz, excluya cualquier otro sonido que no sea mi voz...

Al conteo de diez logrará una mayor concentración, una total relajación y entrará en un trance profundo.

Habían transcurrido desde el comienzo alrededor de veintidós minutos y una vez finalizado el conteo se creó un silencio absoluto.

El doctor Eidelman apoyó la frente sobre las palmas unidas de sus manos y esperó algunos minutos antes de seguir hablando.

Evelyn, vamos a comenzar con la regresión. Para tal efecto necesito que se ubique en una etapa importante de su niñez.

Hizo una pausa y preguntó interesado.

—¿Cuál es su edad, y dónde se encuentra?, por favor

describíbame todo con detalles.

—Tengo once años —repuso ella ansiosa— y me encuentro en el patio del colegio al cual asisto regularmente, es la hora del recreo y todos los discípulos estamos fuera de las aulas.

Estoy saltando la cuerda; Natalie, mi mejor amiga, y Sophie, una compañera de curso, están batiéndola y nos turnamos en hacerlo.

Es tan divertido, tan pronto yo me equivoque en un salto le toca a Natalie...Ay Dios mío me estoy cayendo y no puedo recobrar el equilibrio.

¡Mis rodillas están sangrando! —exclamó acongojada, cambiando de posición en el diván para frotarse el sitio adolorido—. ¡Cómo me duelen! Y es culpa de Natalie —agregó, alterando súbitamente la expresión de su rostro angelical con una mueca enfurecida.

—Tú soltaste la cuerda a propósito, querías que yo me cayera para vengarte de mí por haberte golpeado ayer cuando viniste a mi casa.

—Natalie está molesta —reportó casi enseguida—, me está diciendo que eso no es cierto, que yo me caí al perder el equilibrio. Ella asegura no tener la culpa de lo sucedido.

—Sí la tienes —respondió Evelyn lanzándose a golpearla.

—Deténgase, Evelyn —le pidió el doctor Eidelman con voz autoritaria, viéndola tirar golpes al aire con extrema violencia. Cálmese y adelántese un poco en el tiempo —agregó enseguida. ¿En dónde se encuentra?

—Estoy en el consultorio de la doctora Colton, el director del colegio me trajo para acá después de regañarme y

de asignarme un castigo por lo ocurrido en la hora del recreo.

—No quiero que este incidente tan desagradable se vuelva a repetir —me está diciendo la doctora Colton molesta—. En nuestra última sesión me prometiste evitar ser agresiva y dos días después atacas, sin piedad, a tu mejor amiga.

—No quise hacerlo —contestó Evelyn sollozando, pero no pude evitarlo.

Yo quiero mucho a Natalie, la considero mi mejor amiga y no puedo pensar en cómo sería mi vida si no contara con su amistad, pero al sentirme agredida reacciono involuntariamente con violencia y siento como si una fuerza extraña me poseyera y me obligara a atacar.

Luego me sobrevienen esas horrorosas pesadillas que no llego a comprender.

Por favor, doctora Colton, ¡ayúdeme!, se lo suplico —agregó llorando desconsoladamente.

—Tranquilícese, Evelyn —le sugirió el doctor Eidelman una vez más, viendo las abultadas lágrimas deslizarse por el bello y delicado rostro de la jovencita—. Sigamos retrocediendo en el tiempo. ¿Qué edad tiene y dónde se encuentra?

—Tengo ocho años, el día ha dado paso a la noche y me encuentro en mi dormitorio dentro de mi cama. Mamá acaba de cubrirme con mi frazada favorita y después de darme un beso y las buenas noches ha apagado la luz. Me siento cómoda y segura porque ella ha decidido acompañarme un rato mientras me duermo. Papá tuvo que salir para atender a una paciente que va a tener un bebé, y no ha regresado todavía.

Evelyn medio adormecida escuchó el familiar crujido proveniente de la mecedora; bostezando, encogió su esbelto cuerpo sobre el diván y procedió a voltearse de cara a la pared.

Adelántese un poco en el tiempo —le susurró el galeno.

De pronto, retumbó en el ambiente un grito despavorido.

—Nooo... no puede ser verdad, no pueden llevarse a Duvid.

Duvid, amor mío llévame contigo, la vida sin ti, sin Ariel y sin Ethel, no tiene sentido.

—Tranquila, Evelyn —le exigió el psiquiatra— y dígame, ¿quién es Duvid?

—Es mi esposo —le respondió ella de inmediato.

—Y quienes son Ariel y Ethel —volvió a preguntar el médico inquieto.

—Son mis hijos, mis adorados hijos —respondió ella sollozando.

—Ubíquese en un momento importante de su vida —le pidió él una vez más. ¿Qué edad tiene?

—Tengo cinco años —contesto Evelyn, suspirando emocionada.

—¿Por qué está tan contenta? —preguntó el doctor Eidelman curioso.

—Estoy sentada en la terraza de mi casa rodeada de juguetes, acaba de celebrarse mi fiesta de cumpleaños. Mis padres me observan complacidos y mis amigos ya regresaron a sus casas.

Mamá mira mi muñeca nueva es lindísima, me la regaló Natalie —exclamó contenta. Me encanta su vestido azul pero me hubiera gustado que los rizos de su cabello no fueran rojizos sino dorados y esta caja tan grande de marcadores me la dio Sophie, ahora si podré pintar todo lo que quiera. Y mira, papá, ése vestido tan bello, de mi color favorito, me lo dio la abuelita para que lo estrene en la fiesta de cumpleaños que le van hacer los padres a Raúl, mi compañero de clase. ¡Pero que sed tengo! —exclamó la niña, haciendo un puchero.

—Te voy a traer un vaso de jugo de naranja, mi amor —está diciendo mi mamá mientras se levanta—, debes de haber comido demasiados pedazos de torta durante la fiesta.

—Yo te acompaño —agregó mi papá apresurado, siguiéndole los pasos—. Continúo observando embelesada los diversos juguetes desparramados sobre la alfombra del área, la cual cubre una porción de baldosas en la extensa terraza techada y de vez en cuando levanto la cabeza dirigiendo la mirada hacia el deslumbrante resplandor, producto de los intensos rayos del sol reflejados sobre las azuladas aguas cristalinas de la vasta piscina, sombreada por múltiples palmeras mecidas al ritmo de un viento tibio, rodeadas por sendos matorrales, que, apiñados los unos contra los otros, conforman una especie de muro protector —Estoy cansada de tener mis piernas entrecruzadas por tanto tiempo—, dijo procediendo a extenderlas y levantó la cabeza con ademán perezoso echando los brazos hacia atrás, para transferir el peso de su cuerpo sobre las manos apoyadas en el suelo.

De repente un aletazo de asombro se reflejó en su semblante, algo extraño estaba sucediendo en el entorno. El brilloso y relajante paisaje, tan familiar para ella, había dado paso a un panorama lúgubre y extraño. El cielo se había ensombrecido, fantasmales edificios grisáceos en condiciones deplorables, se proyectaban por doquier, calles polvorientas y en mal estado se abrían amenazantes y un frío glacial recorrió el lugar. Evelyn estremecida se dispuso a lanzar un grito de ayuda a sus padres pero se contuvo al divisar en la cercanía a un niño, casi de su misma edad, y a una niña menor que éste, acercándose hacia ella con pasos lentos e inestables. Sus miradas reflejaban un temor aterrador, sus cuerpos desnutridos se hallaban cubiertos por verdaderos harapos colgantes, sucios y malolientes.

—¿Desean jugar conmigo y con mis juguetes nuevos? —les preguntó ella compasiva, reprimiendo el creciente miedo que experimentaba ante la aparición de aquellas desvalidas criaturas.

—¡Mamá, mamá! —están gritando los dos chiquillos al unísono, extendiendo hacia mí sus bracitos esqueléticos—.

—Mi mamá fue por un momento a la cocina pero ya pronto regresa —respondió ella con un dejo de inocencia—.

—Mamá, mamá —continúan ellos suplicando, mirándome de frente con los ojos empañados por gruesas lágrimas las cuales descienden a raudales por sus rostros chupados y marchitos.

—Les dije que mamá ya regresa —gritó Evelyn atemorizada.

—¿Qué sucede, cariño? —me está preguntando mi mamá preocupada pues escuchó mis gritos, mientras trata de recuperar el equilibrio de la bandeja en la que lleva los tres vasos de jugo de naranja, la cual amenaza

con caer al suelo en vista de su apresuramiento.

—Estos niños no quieren jugar conmigo, no dejan de llorar y preguntan por su mamá —respondió ella corriendo a refugiarse a su lado.

—¿Cuáles niños? —me pregunta extrañada.

Evelyn soltó de inmediato la falda aprisionada de su madre, volteó el cuerpo y extendió su brazo para indicarle el sitio preciso en donde se encontraban las dos criaturas, pero para su sorpresa todo a su alrededor había retornado a su forma original y no existía vestigio alguno de la existencia de los dos chiquillos.

—Estaban cerca de mí hasta que tú llegaste —exclamó la niña confundida. La piscina había desaparecido y en su lugar había varios edificios altos y sucios y unas calles rotas por donde ellos vinieron. Vestían de manera extraña y no cesaban de llorar y de llamar a su mamá.

Papá alcanzó a escuchar mi última descripción, frunció el ceño y con voz ronca se dirigió a mi mamá.

—Creo que el día de hoy ha sido demasiado para ella, deberías darle un baño caliente, servirle la cena y acostarla a dormir.

—Tienes toda la razón, mi amor, así lo haré —le contestó ella preocupada.

—Adelántese en el tiempo hasta la noche de ese mismo día —solicitó el doctor con voz trémula.

Evelyn encogió el cuerpo sobre el diván, se volteó de cara a la pared y cerró los ojos.

El médico desvió la mirada del cuerpo yacente, echó hacia atrás con la mano derecha un mechón de cabello que caía al descuido sobre su ancha frente, cambió de posición tratando de acomodarse mejor sobre el sillón que ocupaba, la jornada había resultado difícil y en breve pensaba concluir la sesión.

De repente se escuchó un grito aterrador, que rompió con la monotonía del lugar y puso a cabalgar el corazón del galeno a una velocidad desmesurada. Le tomó algunos segundos salir de la impresión recibida.

—Se lo llevan, se lo llevan y nunca volveré a saber de él y de mis hijos —escuchó que ella gritaba desesperada—. Nadie, hasta ahora, ha podido regresar del lugar a donde va y no sabemos la suerte que le espera. ¡Voy a buscarlo ahora mismo!, después será demasiado tarde —dijo decidida mientras saltaba del canapé tratando de correr.

Pero una fuerza extraña la sostenía impidiéndole avanzar.

—¿Qué le sucede, Evelyn? —le preguntó el psiquiatra consternado.

—Una señora que está cerca de mí no me deja ir, me está asiendo de un brazo argumentando que no tengo derecho a arriesgar mi vida de esa manera, no comprende que la existencia para mí no tiene ningún valor sin mis seres queridos.

—Suélteme —gritó Evelyn histérica, tratando con fuerza de desprender el brazo aprisionado.

—Por favor, déjeme ir, déjeme ir...

Capítulo 10

Las sublimes notas de la marcha nupcial procedentes de los instrumentos musicales de la orquesta de Manolo Zoyla, irrumpieron en el salón atrayendo la atención de las trescientas cincuenta personas presentes en aquel momento.

Evelyn avanzó por el pasillo asignado con pasos lentos y precisos, ataviada con un vaporoso vestido color avellana; su larga y lustrosa cabellera estaba sujeta por ganchos enzarzados con pequeños brillantes, los cuales hacían juego con el hermoso corazón sujeto a su cuello por una cadena de oro, regalo de sus padres. Sosteniendo entre sus manos el ramo redondeado de delicadas rosas rosadas y blancas, engalanado con nido de amor y eucaliptus, continuó avanzando ágil y decidida por el estrecho camino delimitado por varias yardas de delicado tul blanquecino y centenares de aromáticas flores de diversos colores.

Enseguida apareció Natalie ataviada de blanco, coronada por un magnífico tocado con lentejuelas bordadas de color tornasol diseñado especialmente para la ocasión. Su rostro estaba cubierto con un velo transparente que no impedía percibir el inusitado brillo de sus ojos y la perenne sonrisa conspiradora de la intensa felicidad que la embargaba en esos instantes. Sus progenitores, colocados cada uno a un lado de ella, la conducían hacia el altar con el propósito de unir su vida para siempre a Mauricio Goldberg, el hombre de sus sueños.

Jonathan, sentado entre la concurrencia, observaba embelesado el paso de la corte y en el momento en el que el novio caminó hasta la mitad del pasillo para recibir a la hermosa novia de mano de sus padres, se estremeció ante una mezcla de sentimientos encontrados.

Se regocijó por la felicidad que auguraba en el caso de sus amigos, pero su más preciado deseo, el de convertir a Evelyn en su esposa, se dificultaba cada vez más.

Los intensos meses de terapia no habían logrado mitigar la desbordante ansiedad existente en la vida de su novia, las pesadillas y los sueños matutinos continuaban impidiéndoles tomar decisiones transcendentales para su futuro, a pesar del profundo amor que los unía.

—Te quiero, amor mío, te quiero más que a mi propia vida —le susurraba Jonathan a Evelyn en el oído mientras la estrechaba con fuerza entre sus brazos al compás del vals Danubio Azul en la recepción ofrecida al anochecer en honor de los recién casados.

—Y yo a ti te adoro —le contestó ella embriagada de emoción—, nunca lograrás comprender la intensidad de mis sentimientos —le contestó ella separándose un poco de él para mirarlo de frente a los ojos.

—Entonces acepta ser mi esposa —le pidió él ansioso.

—No puedo, Jonathan, te lo he explicado infinidad de

veces, necesito saber la causa de mis problemas, esas horrendas pesadillas que no me dejan descansar. A veces estando a solas pienso si no estaré demente imaginándome todo eso, pero es tan real, tan absorbente, y sin embargo al ver transcurrir mi vida presente pareciera que todo es normal...Tú, mis padres, mi carrera... estos momentos tan gratos de felicidad —agregó sintiendo dos gruesas lágrimas deslizarse por su delicado rostro.

—Por favor, no llores —le suplicó él—, desearía poder borrar todas las angustias de tu vida o al menos que me permitieras compartirlas contigo, pero puedes estar segura de que lograremos llegar a la raíz del problema y en un futuro cercano construiremos un hogar donde reine la paz y la felicidad olvidando el pasado.

A la semana siguiente Víctor Rotlewicz, quien había llegado minutos antes al consultorio del doctor Eidelman, se encontró estrechando la mano de su colega.

—Gracias por atender a mi llamado tan pronto —le dijo Carl Eidelman, señalándole la silla más cercana a su escritorio.

—Es necesario para mí conversar contigo antes de continuar con el tratamiento de tu hija.

Víctor tomó asiento en silencio esperando a que su interlocutor continuara.

—En las conversaciones previas que hemos mantenido y de los reportes que te he estado enviando mensualmente, habrás podido concluir que los resultados obtenidos con la terapia no han sido soluciones para la profundidad del problema al que nos estamos enfrentando. Cuando tomé la decisión de utilizar hipnoterapia como instrumento de ayuda creí poder desarraigar de la vida de tu hija un gran porcentaje de los problemas causantes de sus aflicciones, pero han transcurrido catorce meses de frustraciones y viendo los avances tan insignificantes que hemos logrado decidí pedirte que me permitas intentar un método más agresivo.

—Quisiera... —agregó titubeando— comenzar con Evelyn regresiones a vidas pasadas.

—¿A qué te refieres? —le preguntó Víctor curioso, levantándose de la silla.

—No te angusties, mi querido amigo y por favor vuelve a tomar asiento —le pidió el doctor Eidelman, echando hacia atrás un mechón platinado de cabello que le caía al descuido sobre su frente amplia.

Víctor se sentó de golpe, angustiado, manteniendo la mirada fija en el psiquiatra, no sabiendo qué decir.

—El concepto de la regresión suena tenebroso para personas neófitas, pero cada vez es mayor el número de psiquiatras e hipnotistas que lo están incorporando como tratamiento en casos extremos, complicados o imposibles de solucionar a través de la hipnoterapia tradicional basada en la vida actual del paciente. Con el paso del tiempo ha aumentado la cantidad de personas creyentes en la existencia de varias vidas, las cuales proveen al individuo de una serie de enseñanzas necesarias para la superación de su alma. Varios médicos controversiales, opuestos a la aceptación de esta teoría, se han encontrado sorpresas inesperadas durante sesiones de hipnosis en las cuales le han indicado a su paciente que regrese al momento en el cual comenzaron los síntomas causantes del problema que padecen y de repente se encuentran conversando con una persona diferente, cuyo nombre, sexo e inclusive el lugar donde se encuentran y la época en la que dicen estar viviendo, difieren totalmente de la realidad actual.

Quiero que tengas presente que yo no suelo utilizar este método sino en los casos específicos que así lo requieran y estoy seguro de que el caso de tu hija, sin lugar a dudas, es uno de ellos.

—Entonces... adelante —le respondió Víctor decidido—, tengo plena confianza en ti como profesional y como amigo. Mi hija no puede estar en mejores manos.

Capítulo 11

Evelyn estaba recostada sobre el diván de cuero marrón del consultorio del doctor Eidelman, con la cabeza descansando sobre una blanda almohada revestida con una funda blanca; con el vestido de crepé color azul rey recogido hacia los lados de su cuerpo y los ojos cerrados. Parecía dormitar pero se encontraba en un estado de total concentración, dejándose llevar por la melodiosa voz del galeno quien durante los meses de terapia se había ganado la entera confianza de su paciente logrando llevarla, en poco tiempo, a un estado de profunda inducción hipnótica.

—Ahora, estimada jovencita —le pidió el médico en forma pausada—, necesito que regrese en el tiempo hasta el momento en el cual comenzaron las causas de sus pesadillas.

Un cambio de expresión se suscitó de inmediato en el rostro apacible de la joven.

Esperó algunos minutos y luego le preguntó curioso:

—¿Qué está sucediendo Evelyn?, explíqueme todo en detalle.

De repente ella comenzó a describir en yiddish el ambiente que la rodeaba.

—No, Evelyn, no en ese idioma, comuníquese conmigo en español —le pidió Carl algo nervioso.

—*Mi nombre no es Evelyn y no me llame así —le respondió ella enojada, en español—. Me llamo Bluma Feldman, tengo doce años, soy hija única y en estos momentos estoy almorzando en el comedor de mi casa, en compañía de mis padres Isaac y Jaika Feldman.*

Me siento contenta y protegida teniéndolos cerca de mí, a papá no le gusta que se hable demasiado mientras comemos. Él se dedica a la venta y al intercambio de productos comestibles y le ha ido bien en ese negocio, mientras que mi mamá se encarga de todo lo concerniente a mi educación y al hogar.

—¿En qué lugar te encuentras y cuál es el año en curso? —le preguntó curioso, después de efectuar un sonoro movimiento con los dedos.

—*Estoy en Iwaniska, un pueblo de Polonia y estamos en el año 1923.*

—Adelántese diez años en el tiempo a una fecha importante —le pidió el doctor Eidelman autoritario.

—*Hoy es doce de septiembre de 1933, un día que no podré olvidar jamás. El rabino Rabinowicz acaba de casarnos a Duvid Zonchtein y a mí en la sinagoga a la cual asistimos regularmente, debajo de una jupa decorada con una estrella de David recubierta por hermosas flores de diversos colores.*

En estos momentos nos estamos dirigiendo a la casa de mis padres, quienes tienen prevista una fiesta en nuestro honor. Nos sentimos felices de estar juntos a pe-

sar de que el matrimonio fue un arreglo entre nuestros progenitores, pero hemos aprendido a querernos y a respetarnos mutuamente, ojalá continúe por el resto de nuestras vidas.

—Avance nuevamente en el tiempo a otra fecha importante en su vida le solicitó autoritario.

—*Acaba de nacer nuestro primogénito, un varón fuerte y rozagante que hemos estado esperado ansiosos todos estos meses. El médico acaba de extraerlo de mi ser y después de escuchar un fuerte lloriqueo, siento su presencia encima de mi pecho donde me lo están colocando en estos momentos y una inmensa emoción se ha apoderado de mí. ¡Oh, Dios mío, nunca pensé sentir tanto amor! Es un sentimiento diferente a cualquier otro que yo haya experimentado, inclusive al que siento por mi esposo o por mis padres, es algo muy profundo y especial. Hemos decidido llamarlo Ariel honrando al padre de Duvid quien se llamaba así, falleció hace dos años y ha dejado un intenso vacío en cada uno de nosotros. Era un hombre disciplinado y lleno de sabiduría, un buen ejemplo para aquellas personas que lo rodeaban.*

—¿Tuvo más hijos, Bluma? —le preguntó el psiquíatra interesado.

—*Sí, una hermosa niña que nació un año después de Ariel. Le pusimos el nombre de Ethel en honor a mi abuela por parte de madre, que en paz descanse.*

—Hábleme un poco de su vida familiar —le pidió el doctor Eidelman.

—*Vivimos en una casita cómoda de dos habitaciones, regalo de mis padres por nuestro matrimonio, está construida con tablas de madera y pintada en verde oliva, de las ventanas cuelgan materos alargados cubiertos con geranios en vibrantes colores. El jardín no es grande pero es pintoresco, está rodeado de árboles centenarios de gruesos troncos en cuyas ramas se posan, a diario, toda clase de pajaritos e infinidad de plantas dispersas por los alrededores. Duvid, los niños y yo lo disfrutamos sobremanera. Existe un poderoso vínculo de amor entre nosotros, nos sentimos felices de estar unidos y de compartir la vida con unos hijos tan especiales a quienes vemos crecer sanos y fuertes rodeados de familiares, vecinos y amigos con quienes celebramos las fiestas y tradiciones inherentes a nuestra cultura.*

Somos judíos y pertenecemos a una comunidad de la cual nos enorgullecemos por su riqueza espiritual y cultural, mi gente proviene de diferentes países del mundo lo cual ha servido para entrelazar infinidad de ideas, costumbres e idiomas. Contamos con una buena educación para nuestros hijos y en un futuro cercano, si llegara a ser posible, nos gustaría trasladarnos a Varsovia o a Cracovia ya que allá existen yeshivas, sinagogas monumentales, teatros, personalidades importantes en el mundo de la música, las letras, científicos y filósofos de renombre internacional. En fin, vivimos una vida plácida y feliz.

Duvid critica de vez en cuando mi malacrianza producto del exceso de cariño que me brindaron mis padres en la niñez, pero él conoce el fondo de mi alma y sabe que la bondad y el amor son las materias primas de mi existencia.

—Adelántese en el tiempo, una vez más.

—*¡Oh no! —repuso ella preocupada.*

—¿Qué sucede, Bluma? —le preguntó el galeno al

observar el rostro compungido de su paciente.

—*Un hombre demente y neurasténico de apellido Hitler ha estado dando discursos en Alemania haciendo hincapié en la raza superior, refiriéndose a los alemanes como el prototipo de superhombres y disminuyendo al resto de la humanidad. ¡Eso es peligroso, muy peligroso!*

—¿Por qué lo considera así? —le preguntó el médico incitándola a hablar.

—*Siempre he sabido que las diferencias de raza, religión, y nacionalidad crean antagonismo entre los seres humanos, los judíos hemos vivido esa situación toda la vida. La relación entre los polacos y nosotros ha sido de tolerancia y conveniencia, pero existe en el fondo un sentimiento similar al odio y a la envidia.*

Pero ahora, al ser incitados por un individuo colmado de maldad y sin escrúpulos, criado en el seno de un hogar y de una religión dedicados a moldear su mente infantil saturándola de principios y de prejuicios con base en datos y hechos equivocados, promulgando ideas contra la religión judía y tomando en cuenta que su vida nunca ha sido fructífera, considero que el futuro próximo para todo aquel que no sea alemán, está sembrado de dolor.

—Avance nuevamente en el tiempo y dígame, ¿cuál es el año en curso?

—*Estamos en el año 1939 atravesando momentos de intensa ansiedad y dolor, cada día llegan camiones a nuestro vecindario cargados de soldados nazis los cuales son enviados por Adolfo Hitler y sus seguidores con instrucciones de llevarse a todo aquel que de acuerdo a su criterio sea considerado de raza inferior. Hemos visto desaparecer cuadras enteras de personas entre ancia-*

nos, hombres, mujeres y niños saliendo apresurados de sus casas, empujados y maltratados sin piedad por soldados crueles que tan sólo les permiten llevar consigo unas pocas pertenencias y luego los obligan a subir a los camiones golpeándolos con el mango de sus rifles y nunca volvemos a saber de ellos.

—¿A dónde cree que los llevan? —le preguntó el médico intrigado.

—Hemos escuchado diversas conjeturas. Algunas personas opinan que los llevan a sitios donde los obligan a realizar trabajos forzados, otras creen que quieren despojarlos de sus bienes sin pagarles retribuciones, pero la mayoría de nuestros vecinos han oído rumores alarmantes provenientes de individuos que han logrado escapar de campos de concentración y les aseguran que ninguna persona arrestada sale con vida, tomando en cuenta que el más ardiente deseo de Hitler consiste en apoderarse del mundo entero y del profundo odio que siente por personas de nacionalidad diferente a la alemana y en especial por los judíos.

—Ahora, Bluma, ubíquese en una fecha importante en su vida— le pidió Carl Eidelman con una profunda expresión de dolor.

—Hoy es el día cuatro de mayo de 1939, Duvid, los niños y yo estamos sentados alrededor de la mesa del comedor de nuestra casa.

Estamos acompañados por dos personas mayores a quienes apreciamos mucho: Moris y Tamara Ianofsky. Ellos establecieron en el sótano de su casa una imprenta clandestina con la cual reproducen y distribuyen las más recientes noticias acerca de la guerra.

Nosotros los visitamos a menudo y compartimos prolongadas tertulias, que disfrutamos muchísimo y por lo general aprendemos infinidad de cosas nuevas en su compañía. Son personas de profundo valor humano y con el tiempo hemos llegado a considerarlos unos amigos muy especiales, a pesar de la diferencia de edad.

Ariel y Ethel los quieren como si fueran sus propios abuelos.

Ella hizo una pausa y se retrajo en sí misma.

—Continúe el relato, Bluma —le pidió el galeno transcurridos algunos minutos.

—La velada terminó hace unas horas y los niños ya se encuentran durmiendo en su habitación, Duvid y yo acabamos de acostarnos y a pesar de lo tarde de la hora no he podido dormir saboreando las increíbles anécdotas que Moris nos ha referido.

Es muy cierto, que la sabiduría se va adquiriendo con el paso de los años.

¡Pero qué sucede! Escucho fuertes golpes en la puerta principal de nuestra casa.

Duvid, Duvid, despiértate.

—¿Qué pasa, Bluma, por qué me despiertas de esta manera?

—¿No escuchas los golpes?

—¡Oh Dios mío, que no sean los alemanes! —exclamó Duvid levantándose de inmediato.

—Por favor no respondas a la puerta, quizás se vayan.

—Si no la abrimos la van a tumbar —agregó él dirigiéndose hacia la entrada.

—¡Venimos a llevarlos con nosotros! —gritó un nazi vestido de uniforme verde y botas altas de reluciente cha-

rol negro.

—Tienen cinco minutos para recoger algunas pertenencias, schnell, schnell —Corre, Bluma despertemos a los niños y vistámonos de inmediato no debemos ponerlos bravos, he visto cómo uno de ellos golpeó con la culata de su escopeta a nuestro vecino y casi le saca el ojo.

—Ariel, Ethel... levántense.

—¿Qué sucede, mamá?

—Vístanse rápido y vengan con nosotros.

—Pero es de noche, ¿a dónde vamos?, tengo mucho sueño —contestó Ethel lloriqueando.

—No pregunten nada y apresúrense —respondió Duvid autoritario.

—Schnell, schnell —continuaba gritando el alemán.

—Suban al camión de inmediato —les exigió otro soldado, con rudeza, tan pronto los vio aparecer cargando una pequeña maleta, un candelabro de plata, el oso favorito de la niña y un libro de cuentos.

—Tengo mucho miedo, mamá —agregó Ariel confundido, mientras que Ethel continuaba haciendo pucheros.

—Hagamos lo que nos indican —dijo Bluma preocupada, ayudándolos a subir al camión.

Asombrados de ver a varias personas conocidas del vecindario continuaron caminando hacia la parte delantera del camión, y se sentaron en el suelo, ateridos no tanto de frío como de miedo.

Los soldados nazis cerraron la portezuela posterior del vehículo y la marcha continúo deteniéndose en varias residencias adyacentes donde el procedimiento volvió a repetirse, y en algunos casos de resistencia con consecuencias terribles, ya que los alemanes no estaban dis-

puestos a tolerar ningún tipo de rebeldía.

El silencio dentro del camión era absoluto, nadie se atrevía a pronunciar palabra, pero sus rostros reflejaban intensa angustia y desesperación ante un futuro tan incierto.

—¡Nos van a matar! —dijo un anciano entre sollozos, tapándose los ojos apenado, quien se encontraba sentado al lado de Duvid.

—No diga eso —le respondió Bluma de inmediato.

—¡Les aseguro que eso va a suceder! —exclamó el individuo, alejando las manos de su rostro y sonándose la nariz.

—¿Cómo puede estar tan seguro de eso? —le preguntó un joven sentado frente a él, quien apretaba sin cesar la mano de su esposa.

—Yo entiendo el idioma alemán y durante el poco tiempo que me proporcionaron esto malditos para arreglar mis pertenencias, alcancé a escuchar una conversación entre ellos. Comentaban riéndose a carcajadas, cómo con la muerte de cada persona, y en especial de cada judío, se cumplía el tan anhelado deseo del Fuhrer de borrar de la faz de la tierra a los individuos contrarios a sus creencias y a su semejanza y a medida que ello sucedía aumentaba su poderío. —¿Qué podemos hacer para salvar a nuestros hijos de ese triste destino? —le preguntó Bluma desesperada.

—No lo sé —contestó el anciano entristecido, es de esperar que a mi edad la muerte me rodé, pero a los niños... no es justo lo que les espera.

—Oh Dios mío, no permitas que eso suceda, exclamó Bluma horrorizada, por favor no lo permitas.

El camión siguió avanzando por la angosta vereda rodeada de casas construidas con tablones de madera.

La noche aparecía serena, ataviada con una luna llena y numerosas estrellas fulgurosas.

De repente sintieron un brusco movimiento y el vehículo se detuvo.

Enseguida escucharon voces alarmadas procedentes de los soldados.

—¿Qué están diciendo? —le preguntó Duvid, ansioso, al anciano.

Parece que el camión tiene una falla mecánica y tendremos que esperar hasta que lo reparen —le respondió en tono bajo.

—Mira donde estamos Duvid —le dijo Bluma al oído.

—Frente a la casa de los Ianosky —agregó él mirándola fijamente.

—¿Estás pensando lo mismo que yo? —le preguntó ella ansiosa.

Él le contestó con un movimiento de cabeza afirmativo.

—Entonces vamos a hacerlo —respondió ella decidida.

Bluma se acercó lo más que pudo a Ariel y en un susurro le dijo:

—Mi amor, toma a tu hermanita de la mano y sin decir ninguna palabra vete con ella a la casa de los señores Ianovsky, tu papá y yo los ayudaremos a bajar del camión pero no permitas que los soldados los vean. Es de noche y eso ayuda, escóndanse detrás de los matorrales si es necesario, y tú mi pequeña niña prométeme que seguirás a Ariel adonde él te lleve y que no hablarás hasta que te encuentres dentro de la casa.

—Lo prometo, mamá —le contestó Ethel muy formal, levantando su manita en señal de conformidad.

Bluma y Duvid los abrazaron rápidamente y a continuación tomándolos de la mano caminaron hasta la parte trasera del camión y una vez allí los ayudaron a deslizarse sigilosamente hasta que se soltaron de las manos de sus padres y de un brinco tocaron tierra, tomando en cuenta que los alemanes estaban distraídos en la parte delantera tratando de establecer en qué consistía la falla que estaba enfrentando el motor.

Ariel corría adelante halando a su hermana de la mano, mientras sus padres observaban ansiosos la peligrosa maniobra que realizaban sus pequeños hijos.

La última visión que de ellos tuvieron fue cuando los vieron cruzar hacia el patio y enseguida sus figuras se perdieron en la obscuridad.

Ariel se dirigió hasta la puerta posterior de la casa que daba al patio, y por ella entraron silenciosos obedeciendo el pedido de su progenitora.

Tanto Duvid y Bluma como las personas cercanas a ellos, suspiraron aliviados al comprobar que los alemanes no se percataron de la maniobra. Algunos minutos más tarde escucharon el sonido del motor y el camión se puso en marcha.

El doctor Eidelman extrajo un pañuelo blanco del bolsillo de su pantalón para secarse la frente perlada de sudor. La tensión creada por las dolorosas vivencias de su paciente había sido demasiado para él y decidió dar por terminada la sesión.

—Bluma, al conteo de diez se despertará y sentirá una intensa paz interior.

Capítulo 12

—¡Oh Dios mío, qué hice! —gritó Bluma consternada.

—¿De qué hablas? —preguntó Duvid nervioso, viéndola tan angustiada.

—Acabamos de dejar a nuestros hijos en manos de Moris y Tamara Ianofsky sin pensar que ellos también son judíos como nosotros y lo más probable es que pronto, quizás en unos días, los nazis vengan a llevárselos y entonces, ¿qué será de nuestros hijos y qué haremos para poder encontrarlos?

Duvid la observó anonadado. Lo acontecido fue tan rápido que no tuvieron tiempo de pensar en las consecuencias de su acto y ahora era demasiado tarde, no podían traer de vuelta a sus hijos y el solo pensarlo lo hizo estremecer.

Abrazó con fuerza a su esposa y lloraron juntos por largo tiempo su desespero hasta que el cansancio los venció y se quedaron dormidos rodeados de personas abrumadas por sus propias incertidumbres.

—Continúe con su relato —le pidió el doctor Eidelman después de que transcurrieron algunos minutos de silencio.

—El amanecer nos despertó, siento mi corazón agarrotado de dolor y un intenso vacío en el alma. ¿Cómo podré vivir sin mis hijos? ¿Cómo podré acallar mi culpa por haberlos abandonado?

—Por favor, Bluma, no llores —le pidió Duvid viendo sus ojos cargados de lágrimas y un intenso dolor reflejado en sus pupilas.

—¿Qué vamos a hacer, Dios mío? —preguntó ella, descargando súbitamente un bulto de sollozos.

—No lo sé —respondió Duvid, sintiendo una fuerte estocada en el alma. No lo sé, repitió para sí mismo. ¡No lo sé!

El camión continuó avanzando y después de un largo trecho se detuvo. La puerta delantera se abrió y dos nazis descendieron de éste, con paso acelerado se dirigieron a la parte trasera del vehículo y apresurados abrieron la portezuela.

—Schnell, schnell, muévanse y desciendan del camión —les gritó el nazi de expresión más feroz.

—Siga adelante, Bluma —le pidió el galeno.

Ella esperó algunos minutos antes de continuar, su rostro denotaba intensa pesadumbre y curiosidad.

—Estamos en la estación del tren y hay demasiada gente, este sitio parece más un mercado que un lugar de transportación. La gente corre despavorida buscando a sus familiares, tratando de no perder sus pertenencias y al mismo tiempo no quieren ser agredidos por los alemanes que los empujan y los hieren a la menor provocación. Duvid y yo tomados de la mano estamos siguiendo la fila de gente que descendió con nosotros del camión.

Los nazis nos están dirigiendo a un vagón de carga, el cual parece ser hecho para animales y no para seres humanos. Delante de nosotros hay una señora embarazada que parece estar a término, se ve muy fatigada y en varias ocasiones ha estado a punto de caer. Hombres, mujeres y niños lucen rostros sombríos: unos lloran, otros gritan y algunos permanecen en silencio.

Todo parece un caos, una horrenda pesadilla.

Ya estamos dentro del vagón, hemos sido empujados hacia la parte posterior donde no hay ventanas. Muchas personas continúan entrando, el aire se está volviendo denso y no podemos sentarnos ya que hay pocos sitios vacíos. Los alemanes siguen llenando el vagón, nos sentimos apretados los unos contra los otros.

Yo estoy aferrada a Duvid y tengo mucho miedo, no solamente por lo que está aconteciendo sino por la suerte que correrán nuestros hijos desprovistos de nuestra protección y ayuda.

¿Cómo pude cometer ese acto de abandono tan infame? ¿Cómo puede una madre actuar de esa manera?, no tengo perdón de Dios, cualquier cosa que me suceda la tengo bien merecida.

—No te detengas, Bluma, continúa adelante —le pidió Carl Eidelman en vista de que los sucesos que estaban ocurriendo empezaban a lanzar cierta luz sobre el problema que tanto agobiaba la vida de Evelyn.

—Acabamos de escuchar un ruido fuerte y seco, los alemanes cerraron la puerta del vagón y la aseguraron por fuera para que nadie pueda escaparse. Pero... ¡Oh Dios!, también cerraron los respiraderos. ¿Cómo lograremos sobrevivir?

—Bluma, adelántese en el tiempo hasta la llegada del tren —le pidió ansioso el médico, evitando escuchar el relato de tanta muerte y dolor a consecuencia de las condiciones infrahumanas a las que los nazis habían sometido a millares de personas.

—El tren se ha detenido pero para nosotros ya todo da igual: la oscuridad, los lamentos, la escasez de aire y la fetidez del vagón han dejado una llaga permanente en nuestras vidas. Hemos sido tratados peor que bestias salvajes, humillados, despreciados y desprovistos de nuestra propia estima. Están abriendo la puerta del vagón y siento el aire penetrando, respiro a fondo permitiendo que mis ojos se acostumbren a la claridad, enfoco la vista y ¡oh, Dios mío, el escenario es tenebroso! Seres vivos recostados sobre cuerpos inmóviles de olor putrefacto, lamentos por doquier y de repente el débil sollozo de una pequeña criatura. Volteo la vista y ahí está el pequeño envoltorio en brazos de su madre muerta, estiro mi cuerpo soltando la mano que tengo aferrada a la de Duvid y con las pocas fuerzas que me quedan traigo conmigo el pequeño cuerpo.

—Mira Duvid es un bebé recién nacido —exclamo emocionada.

Él me mira con ojos melancólicos evocando el recuerdo de mis propios hijos, y una lágrima involuntaria brota de mis ojos.

—Schnell, schnell, desciendan del vagón —gritan a todo pulmón dos malditos nazis envalentonados por el poder.

Comienza el doloroso descenso caminando por encima de las personas que no lograron sobrevivir al esca-

broso viaje, Duvid me ofrece ayuda para levantarme del suelo mientras que rodeo con mis brazos el tibio cuerpecito del bebé para evitar una caída, y salimos apresurados como si al hacerlo pudiéramos borrar lo acontecido. La claridad nos impide de momento ubicarnos, pero tan pronto nos acostumbramos a ella observamos el lugar y comprendemos que hemos llegado a nuestro destino: el campo de concentración de Auchswitz.

—Formen filas, formen filas —oímos que gritan hombres uniformados cargados de amenazantes armas las cuales utilizan por doquier para calmar a las multitudes.

—Mujeres a la derecha, hombres a la izquierda.

—¡Oh no, Duvid, nos van a separar!

—No lo permitiré, Bluma, eso sí no es posible.

Pero a medida que avanzaban comprendían que mantenerse unidos les iba a ser imposible, y se abrazaron fuertemente tratando de llevar consigo la esencia del otro.

—Te quiero, amor mío —le dijo Duvid sintiendo cómo un nazi lo arrancaba con fuerza del lado de su esposa mientras que ella, aferrada al cuerpo del bebé, quedaba paralizada de dolor.

—Venga conmigo, señora, si no quiere ser maltratada por esos perversos nazis, le pidió una jovencita con acento rumano.

Bluma accedió con la cabeza y se dejó llevar por ella, sintiendo que las pocas fuerzas que le quedaban la estaban abandonando.

Las filas de espera, la limpieza, el corte de cabello, el cambio de ropa al uniforme del campo, todo se llevó a cabo sin que ella se diera cuenta ya que su mente estaba paralizada por el recuerdo de Duvid y de sus hijos.

Durante la noche, ya establecidas en las barracas, comenzó a reaccionar.

—¿Dónde está el bebé? —preguntó preocupada.

Sasha, la joven rumana que la había asistido durante todo el día, le respondió en voz baja.

—Está muerto, no pudo sobrevivir sin alimento, parece ser que no comía desde que nació y yo no tuve nada que ofrecerle. Los alemanes se llevaron el cuerpo.

Bluma asintió con la cabeza y cerró los ojos, permitiendo que el sueño la transportara a un mundo diferente.

Capítulo 13

El doctor Eidelman se acomodó mejor en la silla, esperando a que su paciente comenzara a hablar después de una corta inducción de hipnotismo.

Bluma abrió los ojos de repente y se sentó de inmediato ante el bullicio producido por sus compañeras de barraca.

—¿Qué sucede? —le preguntó preocupada a Sasha, la joven rumana, quien en aquellos momentos estaba a su lado.

Antes de alcanzar a recibir una respuesta sintieron un fuerte golpe, la puerta se abrió con gran estruendo y varios nazis se personaron en el recinto...

—Schnell, schnell, salgan de inmediato llegó la hora de trabajar esto no es un hotel, muévanse pronto, ordenó a gritos un alemán moviendo su fusil en forma amenazante.

Con el corazón acelerado, Bluma descendió del catre de madera desprovisto de cobija y sin estirar sus músculos adoloridos procedió a salir en silencio. Afuera la temperatura había descendido en comparación con el día anterior, Bluma pensó que tal cosa no le resultaba extraña ya que se acercaba el invierno y ella, enfundada en el uniforme del campo suministrado por los alemanes a su llegada del tren, no lograba entrar en calor.

Contempló el firmamento calculando que eran las cinco de la mañana, pero no pudo confirmarlo ya que le decomisaron su reloj de pulsera tan pronto comenzó el proceso de aseo.

Los gritos continuaban, ella entendía una que otra palabra en alemán por su parecido al yidish y dedujo que los guardias les estaban explicando las reglas por las que se regía el campo, las cuales debían acatar de inmediato.

Observó con detenimiento la fila de mujeres paradas tiritando de frío a tan temprana hora de la mañana, la cual se extendía a ambos lados de donde ella se encontraba, y comprendió que la función de los alemanes consistía en exterminar a todas aquellas personas que llegaban a los campos de concentración de los diversos países europeos con el firme propósito de evitar que alguien se interpusiera a sus deseos de conquistar el mundo, el sueño más preciado de Adolfo Hitler el Führer.

Una vez concluida la explicación dada por un nazi de aspecto tenebroso, llegó el momento de dividir el trabajo y Bluma en compañía de otras reclusas del campo entre las que se encontraba Sasha, fueron destinadas a colocar los objetos expropiados a las personas procedentes de cada tren en grandes sacos para enviarlos a Alemania.

—Gracias a este trabajo —pensó Bluma aliviada—, podré ver de cerca la llegada de los trenes y quizás logre divisar a mis hijos.

Durante todo el día recogieron prendas de ropa, relojes, dentaduras postizas, zapatos, dinero, candelabros, utensilios de plata, juguetes, aparatos ortopédicos, maletines, joyas y toda una serie de objetos traídos por los pasajeros que descendieron de los trenes, quienes tenían la esperanza de conservar los escasos artículos que les habían permitido colocar en un maletín, pero tan pronto llegaban a su destino los despojaban de ellos.

Día tras día el proceso se repetía y en la noche con los pies hinchados, el cuerpo helado por el frío y una intensa angustia en el alma, se acostaban las prisioneras unas contra las otras tratando de entrar en calor, para alejar las enfermedades que rondaban insistentemente por la barraca.

—No he podido encontrar a mis hijos, no he podido —repetía una y otra vez Bluma en su desesperación—. ¿Qué habrá sido de ellos? ¿Qué suerte habrán corrido? Dios mío devuélvemelos pronto, haz que estos momentos sean tan sólo una horrenda pesadilla.

¿Y Duvid, qué será de él, seguirá vivo o ya lo habrán aniquilado? No, no puede ser, él es joven y está tan lleno de vida.

Los nazis saben escoger a las personas que pueden trabajar y rendirles beneficios, estoy segura de que mi Duvid sobrevivirá. Debe de estar en la búsqueda de Ariel, como yo lo estoy de Ethel. ¡Lograremos encontrarlos!

Adelántate en el tiempo a un suceso importante —le pidió el galeno observando el desgarrante dolor que invadía a su paciente.

—Es Tamara Ianofsky descendiendo del tren —exclamó Bluma excitada.

Tamara, Tamara —se oyó llamando a gritos.

—Tranquilízate —le pidió Sasha halándola del brazo para detener su carrera, si te oyen los nazis te van a ejecutar en el acto.

—Pero tú no comprendes, por fin veo a la persona que ha estado cuidando a mis hijos en los últimos cinco meses.

—Vamos a continuar guardando los objetos en las bolsas y trataremos de acercarnos a ella, de esa manera los nazis no sospecharán tu interés.

—Pero no puedo permitir perderla de vista —agregó Bluma ansiosa.

—No sucederá si procedemos con cautela —le respondió Sasha de inmediato.

Poco a poco se fueron acercando a ella.

—Tamara, Tamara —escuchó que una voz conocida la llamaba por su nombre de pila.

Volteó la cabeza siguiendo el sonido y de repente se encontró frente a frente con su querida Bluma, la abrazó con fuerza, no queriendo dejarla ir, y fue tanta la emoción que las lágrimas fluyeron.

Se apartó un poco para verla mejor y en su cara se reflejó el dolor que sentía al ver el rostro demacrado de su amiga, el cuerpo enflaquecido por la escasez de alimentos, el exceso de trabajo, y además percibió la intensa preocupación de ella por los tres seres que conformaban su vida.

—Mi querida niña, ¿qué te han hecho? —le preguntó impresionada.

—¿Dónde están mis hijos, Tamara, por qué no están con usted?

—Tus hijos están a salvo —le respondió ella de inmediato.

—¡Gracias Dios mío, que están bien! Pero dígame, ¿dónde se encuentran? —le preguntó ella de nuevo.

—La noche en que los niños entraron a nuestra casa, Moris y yo temiendo que pronto llegarían los nazis para deportarnos, decidimos contactar a un amigo nuestro llamado Abel Goldstein, una persona clave para el grupo de la resistencia judía y se encontraba escondido en la casa de unos amigos católicos, quienes a pesar del peligro que constituía para ellos la presencia de Abel, habían decidido ayudarlo. Con su influencia logramos sacar a los niños del gueto, excavando un agujero por debajo de la pared de ladrillos que lo rodeaba y al otro lado los esperaban tres personas designadas por Abel, las cuales se encargaron de llevarlos a un lugar seguro.

Dos semanas más tarde supimos que los niños habían viajado a Francia en compañía de un representante del consulado francés, quien durante el tiempo del viaje presentó a los niños como si fueran sus propios hijos; una vez en Francia los llevaron a "La Casa de Izieu", es un campo de verano para niños. Allí están alojados cuarenta y dos niños y nueve maestros, razón por la que pensamos que sería un buen lugar en el que estarían a salvo mientras terminaba la guerra.

Entretanto, Moris y yo nos manteníamos informados de sus progresos, ellos se sentían contentos en el campo pero a ustedes los extrañaban todo el tiempo.

—¡Oh, mis pobres hijos! —suspiró Bluma enternecida.

—Muévanse, schnell, schnell —gritó un nazi furibundo, viendo al trío de mujeres conversando.

—No por favor, no se la lleve —exclamó Bluma desesperada.

Y de repente sintió un fuerte golpe que la hizo perder el sentido.

Al despertar se encontró tendida en la litera de la barranca, la cabeza le dolía intensamente y al tocarse sintió una herida abierta que todavía sangraba.

—¿Qué ha pasado, Sasha? —le preguntó perpleja sin comprender la situación.

—Un maldito nazi te golpeó tan fuerte en la cabeza, que perdiste el conocimiento y has estado delirando por tres días consecutivos.

—Ahora recuerdo que estaba conversando con Tamara... pero, ¿dónde está ella? —preguntó tratando de levantarse—, necesito que me diga dónde están mis hijos.

Sasha la observó con pena, sujetándola para impedirle que se bajara de la litera. Aún era muy pronto, dejaría pasar algunos días para explicarle lo acontecido.

Adelántate en el tiempo—le pidió el galeno, deseoso de saber lo sucedido.

—¡No puede ser, Sasha!—exclamó Bluma lloriqueando—. No pueden habérsela llevado a la cámara de gas, tengo que saber dónde están mis hijos y qué suerte han corrido, además Tamara era una buena persona. ¿Cómo han podido matarla de esa manera? ¡Asesinos más que asesinos! —grito Bluma enfurecida.

Carl Eidelman bajó la cabeza tapándose la cara con las palmas de sus manos, no pudiendo soportar escuchar más con qué crueldad y cinismo habían maltratado a su paciente. Él como médico estaba acostumbrado a oír historias tristes y dolorosas, pero lo que Evelyn contaba en esos momentos era desgarrador. ¿Cómo era posible que seres humanos actuaran con tanta crueldad? ¿Acaso no existían sentimientos de piedad y de compasión? Recuperándose, decidió dar por terminada la sesión. Al fin había logrado comprender las causas por las cuales su paciente tenía aquellas horrendas pesadillas que se repetían sin cesar impidiéndole tener una existencia normal; había llegado el momento de tomar cartas en el asunto y él estaba dispuesto a guiarla en lo que fuera necesario para que pudiera controlar las riendas de su propia vida.

Capítulo 14

Abraham Rotlewicz descendió apresurado del carro Bentley, se dirigió a la entrada principal de la residencia de su hijo Víctor y pulsó el timbre.

La reunión con su familia estaba programada para las tres de la tarde y eran las cuatro y cuarto. Saludó cortés a la empleada que le abrió la puerta y dirigió sus pasos hacia la sala de la residencia.

—Lamento la tardanza —se disculpó tan pronto entró en el recinto—, tuve una reunión de último momento que no pude eludir.

—No te preocupes, papá—le respondió Víctor levantándose del sofá donde se encontraba sentado y acercándose lo abrazó con cariño—. Siéntate al lado de mi mamá —lo invitó, señalándole el lugar—. ¿Puedo prepararte un whisky con soda?

—Gracias, hijo, lo aprecio mucho —le contestó de inmediato y se sentó después de besar a su esposa. ¿Dónde está Vivian? —preguntó extrañado de no verla.

—Ya va a regresar —le contestó Lea—, mientras te esperábamos fue a la cocina, para darle instrucciones a las empleadas sobre la preparación de la comida que van a servirnos esta noche.

—Aquí tienes papá —le dijo Víctor entregándole el vaso de whisky.

—Gracias, hijo.

—Hola, señor Abraham —lo saludó Vivian entrando en el recinto y acercándosele para darle un beso en la mejilla.

—¿Cómo está mi querida nuera?

—Un poco atareada, pero muy bien, gracias.

—Papá y mamá—empezó diciendo Víctor—, los hemos convocado a esta reunión con el propósito de ponerlos al tanto de las conclusiones a las que llegó el doctor Eidelman después de las largas sesiones de terapia a las que sometió a Evelyn, las cuales creemos que han sido fructíferas.

Abraham y Lea concentrados en el diálogo lo invitaron a continuar.

—Como ya saben, las pesadillas de Evelyn se siguen repitiendo cada día con mayor frecuencia e intensidad colmando su vida de incógnitas y ansiedades. Eso ha traído como consecuencia que ella no esté dispuesta a seguir los pasos normales de una persona de su edad; como ejemplo de eso está su relación con Jonathan, un muchacho estupendo enamorado de ella en todo el sentido de la palabra y dispuesto a casarse. Pero Evelyn aduce que ya le ha causado a su familia suficientes sinsabores, producto de las pesadillas y que su amor por Jonathan es tan profundo que por nada del mundo lo va a exponer a tanto sufrimiento e inestabilidad.

—¿Y qué piensan hacer? —intervino Lea preocupada.

—El doctor Eidelman sugiere que Evelyn tiene que enfrentarse con el pasado —explicó Víctor de inmediato, para buscar las raíces del problema que tanto la agobian en esas pesadillas tan macabras.

—Pero, Víctor —interrumpió Vivian asombrada—, no comprendo cómo nuestra hija puede buscar la solución de su problema en un pasado que no es suyo, que no sabemos de dónde salió ni por qué apareció.

—Mira, querida —le contestó Víctor paciente—, te he explicado en varias ocasiones que lo que sucede en las pesadillas de Evelyn está entrelazado a una de sus vidas pasadas, la cual no pudo solucionar durante el término en el que esa vida duró y dejó un tremendo impacto en su ser. ¿Te imaginas el dolor de perder a sus dos hijos de esa manera, sin poder volver a verlos, sin saber la suerte que corrieron, si quedaron vivos o fueron exterminados por los nazis? Y qué decir de su esposo, ¿murió?, ¿vivió?, ¿la buscó al finalizar la guerra? ¿Qué sucedió? Todo quedó sin respuesta en esa vida.

Años después nuestra hija nació y creció en un ambiente de amor, de paz y de comodidades económicas, pero su alma quedó marcada con el dolor lacerante de perder a sus seres más queridos, y a medida que el tiempo fue trascurriendo y ella fue madurando la sola idea de vivir con esa incógnita se le volvió insoportable. Es por eso que les pedí que nos reuniéramos hoy, para comunicarles que he decidido darle a mi hija todo el apoyo necesario para ayudarla a clarificar su vida y cualquier necesidad que tenga para lograrlo se la voy a conceder. Espero que tú, Vivian, me des tu aprobación y ayuda, y de igual manera lo espero de mis padres siendo que los considero las personas más cercanas a nosotros.

Vivian se le acercó y abrazándolo fuertemente le dijo emocionada:

—Gracias, mi amor por ser como eres, por supuesto que haré todo lo que esté a mi alcance para lograr que nuestra hija Evelyn llegue a comprender la raíz de sus pesadillas.

—Cuenta con nosotros en lo que sea necesario —agregó Abraham de inmediato.

—¡Gracias no esperaba menos de ustedes! —respondió Víctor emocionado.

—Y ahora quiero comentarles el plan a seguir —agregó Víctor haciendo una pausa antes de continuar... La idea es enviar a Evelyn a Polonia específicamente a Ivansk o a Iwaniska, como le dicen en polaco al pueblo que menciona en sus pesadillas y una vez allá dejarla investigar a fondo lo que ella crea conveniente para aquietar los sentimientos que con tanta angustia la dominan.

Respiró profundo y continuó... Es una lástima que mi profesión y mis pacientes no me permitan acompañarla. ¡Cómo me hubiera gustado!

—Yo quiero ir con ella—, exclamó Lea.

Todos se voltearon a mirarla, incrédulos.

—Pero mamá —respondió Víctor de inmediato—, ¿estás segura de que quieres regresar a Polonia después de las experiencias tan traumáticas que tuviste que enfrentar allá?

—Sí, hijo —le respondió Lea convencida—, deseo de corazón poder acompañar a mi nieta en su viaje, ayudarla en la búsqueda de la paz mental que tanto necesita y de igual manera me servirá a mí para poder enfrentarme con la verdad.

Capítulo 15

La aeronave despegó con gran estruendo de la pista del aeropuerto internacional de Miami, realizando movimientos precisos, y enfiló su curso hacia las tierras del este.

Lea y Evelyn, acomodadas en sendos asientos, permanecieron en silencio recordando la despedida y las innumerables recomendaciones de sus seres queridos.

Ahora el viaje se había convertido en una realidad y en la mente de cada una de ellas se atravesaban pensamientos colmados con inmensas posibilidades e incertidumbres.

—Jonathan, amor mío, —pensó Evelyn—, qué lejos voy a estar de ti y cuánto te voy a extrañar. Ojalá pronto logremos los resultados que estamos esperando para poder regresar a tu lado.

—Dios mío, dame las fuerzas que necesito en estos momentos para enfrentarme con los fantasmas del pasado —imploró Lea en voz baja, mirando a través de la ventanilla del avión la oscuridad que reinaba en la noche iluminada tan solo por múltiples estrellitas que iban quedando atrás a medida que el avión seguía su curso.

Las horas continuaron inexorables mientras que las dos mujeres dormitaban. El día siguiente anunció su presencia inundando el vuelo con los primeros rayos de luz solar, que se colaban por los gruesos vidrios de las ventanillas acariciando los adormecidos rostros de los pasajeros.

—Buenos días, mi niña querida —la saludó Lea al ver a Evelyn abriendo los ojos.

—¡Cómo he dormido! —exclamó ella de inmediato restregándose los ojos, tratando de alejar un poco la intensa luz que penetraba a través de sus pupilas.

—¿Descansaste un poco, abuelita? —le preguntó Evelyn con cariño.

Lea desvió la mirada sin saber qué responder, en realidad ella no había sido capaz de cerrar los ojos por varias horas, miles de imágenes cruzaban por su mente sin darle tregua, los recuerdos tormentosos volvían una y otra vez a castigarla sin piedad.

Asintió con la cabeza a la pregunta de su nieta evitando tener que dar explicaciones sobre el tema que la agobiaba, y sobre el cual no estaba lista para compartir.

—¡Ya llegamos a nuestro destino! —exclamó Evelyn regocijada al sentir que las ruedas del tren de aterrizaje tocaban tierra.

El aeroplano realizó algunas piruetas alrededor de la pista y después de algunos minutos detuvo su carrera enfrente de una de las entradas del aeropuerto.

—¡Qué bueno que ya llegamos! —dijo Evelyn entusiasmada, alistándose para descender e incitando a Lea a hacer lo mismo.

Los trámites en el aeropuerto se llevaron a cabo con presteza y tan pronto salieron de inmigración empezaron a buscar al chofer que Víctor les había conseguido, por medio de las recomendaciones de un colega suyo que viajaba a Varsovia con regularidad.

—¿Señorita Evelyn Rotlewicz? —le preguntó respetuoso un señor, en inglés, con un fuerte acento europeo.

—Sí, soy yo —le respondió Evelyn, contenta de que el chofer las estuviera esperando y de que supiera hablar español.

—Mi nombre es Grzegorz Sortzinsky pero ustedes pueden llamarme Greg, ya que mi nombre es un poco difícil de pronunciar.

—Mucho gusto de conocerlo —le dijo Lea, acercándose a él para estrecharle la mano.

—El gusto es mío —le contestó él galante, abriéndoles la puerta para que se acomodaran en el automóvil que se encontraba estacionado frente al aeropuerto.

Evelyn lo observó con detenimiento y llegó a la conclusión de que, tal como su padre le había dicho, Greg parecía un individuo decente, de porte europeo... alta estatura... cabello salpicado de canas... y ciertos ademanes peculiares al hablar.

Una vez que tomó el volante entre sus manos se dirigió a ellas en tono respetuoso, volteando la cabeza para mirar hacia atrás.

—¿Les gustaría aprovechar el día de hoy para hacer un recorrido por Varsovia o prefieren que salgamos enseguida hacia Ivansk?, estamos a ciento cincuenta millas de distancia.

Lea y Evelyn se miraron ansiosas y casi al unísono

respondieron:

—Queremos salir para Ivansk.

El automóvil arrancó de inmediato y después de cruzar por algunas vías en el camino, se dirigió hacia la carretera que anunciaba "Cracovia".

Durante una parte del recorrido los ocupantes del automóvil se mantuvieron en perfecto silencio, pero una vez alcanzaron la ruta hacia el noreste Greg les preguntó si deseaban que les hablara sobre Ivansk.

—Nos encantaría —le contestó Evelyn, acomodándose de nuevo contra el respaldar.

—El nombre original del lugar fue Umishov y por alguna razón desconocida sus moradores decidieron cambiárselo a Ivansk, Iwaniska en polaco.

En el año 1403 con la llegada de nuevos habitantes se logró alcanzar el número requerido de personas, lo que le confería el derecho a ser considerado un pueblo.

Durante el siglo XVI Ivansk fue uno de los centros calvinistas de Polonia, y en ciertas ocasiones se llevaron a cabo encuentros importantes de personas religiosas.

La carretera principal que conecta a Varsovia con Cracovia pasa por Opatow el cual está localizado en las cercanías de Ivansk y entre esos dos pueblos existe una carretera de fácil acceso, lo que trajo como consecuencia que se iniciara un centro de intercambio importante en el área, el cual contaba con trece ferias anuales que atrajeron a muchos mercaderes y la mayoría de ellos decidieron conducir sus negocios desde Ivansk.

En 1578 había en Ivansk quince clérigos al servicio de la nobleza local, diecinueve destiladores y cuarenta y cuatro artesanos. Una gran mayoría de esos artesanos se especializaba en trabajos hechos en oro, plata, y acero.

El período de prosperidad se terminó en 1656. Se presume que una gran parte del pueblo quedó destruido como consecuencia de la invasión sueca, iniciada en 1655. Solamente 50 casas quedaron en condiciones de ser habitadas.

Durante el siglo XVIII se reconstruyó el pueblo de Ivansk con un total de 158 casas en 1778, y de 167 casas en 1869.

—Qué interesante todo lo que nos está contando —exclamó Lea impresionada—. ¿Cómo es posible que usted viviendo en Varsovia tenga tanto conocimiento sobre Ivansk?

—Muy sencillo, mi querida señora —le contestó Greg divertido—, yo soy un historiador de profesión y de corazón, mi trabajo de chofer y de guía turístico me ayuda con los gastos cotidianos pero mi verdadera pasión es la historia de mi país.

—¿Usted sabe algo de la llegada de los judíos a Ivansk? —lo retó Evelyn.

—No tenemos información documentada sobre cómo comenzó el establecimiento de los judíos en Ivansk —le respondió Greg con seriedad, lo más probable es que los primeros judíos llegaran en el siglo XVIII.

—¿Y por qué se establecieron en Ivansk y no en Varsovia? —le preguntó Lea curiosa.

—En ese tiempo vivía un noble de apellido Zwirowski o Seborovsky, no recuerdo con precisión —dijo apenado—. Era el dueño del pueblo. Él estaba convencido de que la influencia de los judíos podía ser muy positiva para el desarrollo de Ivansk y para atraerlos les permitió la compra de lotes y la construcción de viviendas propias.

—¿Y qué sucedió después? —le preguntó Evelyn intrigada.

Greg suspiro y continuó hablando.

—Para mediados del siglo XIX la comunidad judía ya estaba bien establecida, y la construcción de una sinagoga de madera sirvió para satisfacer sus necesidades religiosas. Muchos judíos de pueblos vecinos llegaron para establecerse en Ivansk y la comunidad entera rezaba en la única sinagoga existente, bajo el liderazgo religioso del rabino Yitzhak David Shapiro (1899), mientras que los muchachos jóvenes asistían al *cheder* tradicional (establecimiento de estudios judíos).

Desde 1907 hasta 1914 el rabino Yaakov presidió la comunidad en Ivansk y fue precedido por el rabino Yechiel Alter Ferleger, y en 1924 el rabino Yaakov Yitzchak Widman ocupó la silla rabínica hasta la llegada de la segunda guerra mundial.

—¡Dios mío! —exclamó Evelyn no puedo creer que usted sepa tanto sobre Ivansk, inclusive con nombres exactos, fechas y acontecimientos.

Greg sonrió diciendo…

—Tan pronto me contactó el amigo de su papá para este trabajo, decidí ponerme a leer todo lo que podía con respecto a Ivansk sabiendo que el propósito del viaje de ustedes está centrado en ese pueblo.

—Gracias Greg —agregó Lea complacida—, es maravilloso encontrar personas en la vida que se sienten orgullosas y disfrutan no sólo realizando su propio trabajo sino ayudando a los demás.

—Muy agradecido por sus comentarios —respondió él sonrojándose, pero tengo que confesarles la verdad... Cada vez que tengo un cliente y me explica con tiempo hacia dónde se dirige y cuáles son sus inquietudes, yo consigo todo el material histórico posible para lograr que su viaje sea especial, ameno e informativo.

—Ya estamos llegando a Opatow —agregó Greg observando la señal que se encontraba en el camino—. Ivansk se encuentra cerca y pronto llegaremos.

—Qué lástima que no podamos continuar con el relato en el preciso momento en que Greg comenzó a mencionar la Segunda Guerra Mundial —reflexionó Evelyn emitiendo un profundo suspiro.

—Ya pronto llegaremos, querida —le dijo Lea pensando que el suspiro se debía a puro cansancio.

Evelyn asintió con la cabeza y entrecerró los ojos para poder sumergirse en sus propios pensamientos.

Capítulo 16

Ya era el atardecer de ese particular día de abril en primavera, cuando finalmente Lea y Evelyn llegaron a su destino. Las primeras impresiones que tuvieron de Ivansk fueron las delicadas colinas y los bosques profundos y oscuros que la rodeaban, calles pavimentadas, limpias pero desérticas, en donde el tiempo parecía detenerse y en contraste mirando hacia los campos, pudieron apreciar innumerables hacendados conduciendo sus burros y caballos hacia los destinos demarcados para ayudarlos en sus menesteres.

Greg detuvo el automóvil frente a una vivienda construida con madera de una sola planta, color verde militar, rodeada de árboles altos, arbustos medianos y abundante musgo.

—Esta es la casa que logré alquilar para ustedes por algunos días —dijo Greg satisfecho y salió del carro para abrirles la puerta. Los dueños están teniendo problemas económicos —agregó en voz pausada—, y decidieron desocuparla durante el tiempo que ustedes la necesiten, entretanto ellos se trasladaron a la casa de unos familiares cercanos.

Evelyn descendió del vehículo de inmediato con una mirada curiosa que parecía querer abarcarlo todo, mientras que Lea bajó lentamente ya que los viajes y la falta de sueño de la noche anterior habían hecho mella en su cuerpo y se sentía exhausta.

—Por favor, entren a la casa mientras yo bajo el equipaje —les pidió Greg solícito—, en unos minutos estaré con ustedes.

Evelyn traspasó el umbral y quedó embelesada observando el interior de la casa, que a pesar de ser pequeña era muy acogedora. Las paredes y el cielo raso se hallaban recubiertos con troncos cortados horizontalmente y alineados en forma artística. Los muebles de madera oscura de la sala y del comedor, eran sólidos y denotaban buen gusto y la cocina pintada de blanco, a pesar de ser tan reducida en tamaño, estaba impecable y era una monería, con su cortina de encaje blanco y los múltiples detalles caseros.

Siguieron inspeccionando los recintos y se encontraron que el ala derecha de la casa se dividía en dos habitaciones: una mediana que contenía una cama doble, por lo que dedujeron que correspondía a la habitación principal, mientras que la otra más pequeña alojaba una cama sencilla y estaba engalanada con adornos en tonos pasteles, por lo que pensaron que seguramente pertenecía a la hija de la familia.

—Su dueña debe de estar muy orgullosa de esta vivienda para mantenerla en tan buenas condiciones —pensó Evelyn impresionada.

—Espero que les haya gustado la casa —dijo Greg

descargando el equipaje.

—Es una casita bella—le respondió Lea de inmediato—, creo que vamos a estar muy cómodas en ella.

—Me alegro mucho —dijo Greg complacido.

Los inquilinos les dejaron algunos víveres en la nevera para que puedan cenar esta noche y desayunar en la mañana. Ya voy a retirarme pero antes quería saber si necesitan algo más y qué planes tienen para mañana.

—Quisiéramos que usted descanse medio día mañana ya que la jornada de hoy ha sido extenuante—respondió Evelyn enseguida—, entretanto nosotras vamos a caminar un poco para familiarizarnos con el pueblo, pero después del almuerzo quisiéramos contar con usted para que nos sirva de intérprete.

—Con mucho gusto —le respondió él con una leve inclinación de cabeza, nos volveremos a encontrar por la tarde. Que pasen buena noche.

—Muchas gracias y buenas noches —respondieron ellas casi al unísono.

Al día siguiente Lea lucía un vestido de algodón vaporoso de varios colores y Evelyn un pantalón blanco, una blusa manga larga color avellana y un par de zapatos y bolso deportivos los cuáles hacían juego con la blusa. Ambas se dispusieron a salir de la casa después de haber disfrutado de un desayuno delicioso. Se sentían descansadas y algo eufóricas, dado el hecho de que por fin habían podido dormir una noche sin interrupciones.

El día lucía despejado y hermoso. Atravesaron la calle que las conducía a la plaza central donde estaba el mercado y era utilizada para realizar intercambio de mercancías de todos los géneros. Una vez allá se detuvieron a mirar los diferentes puestos que conformaban el mercado; lo que más les atrajo la atención fue algunas piezas de artesanía y compraron algunas de recuerdo. Vieron frutas, verduras, granos y varios productos lácteos pero decidieron no comprar comestibles en ese momento. Continuaron su camino dirigiendo los pasos hacia la calle de enfrente, donde observaron el enorme edificio que constituía la iglesia y al lado de ella la farmacia, el ayuntamiento y la estación de bomberos.

—¿Qué hacemos ahora? —preguntó Lea curiosa.

—Vamos a la iglesia —opinó Evelyn enseguida, he escuchado que el párroco de una iglesia siempre está al tanto de lo que ocurre en el pueblo. Ojalá hable español y nos pueda recibir.

—Pues, adelante —le contestó Lea entusiasmada.

Evelyn abrió la pesada puerta de madera de la iglesia y dejó pasar a su abuelita, siguiéndola enseguida.

La iglesia se hallaba en penumbras. Ellas empezaron a caminar lentamente para familiarizarse con el entorno, hasta que al irse aproximando al altar escucharon una voz en polaco que las llamaba.

Se miraron sin saber qué hacer y en ese momento el párroco se acercó y les volvió a preguntar en qué podía ayudarlas.

—No hablamos polaco —le dijo Lea moviendo la cabeza en forma negativa.

—¿Inglés? —les preguntó el sacerdote atento.

—Sí, hablamos inglés —respondió Evelyn aliviada.

—¿En qué puedo ayudarlas, señoras? —pregunto amable.

—Nosotras estamos de paso por Ivansk, esta señora

es mi abuelita y se llama Lea, mi nombre es Evelyn y vivimos en Estados Unidos.

El sacerdote las observó interesado pero se mantuvo en silencio.

—Quisiéramos saber si usted estaba en este pueblo durante la Segunda Guerra Mundial, cuando los nazis vinieron a llevarse a los judíos —le preguntó Evelyn ansiosa.

—Sí, señora, yo estaba en este pueblo en el cual nací y me crié pero era muy joven para poder entender las implicaciones de lo que estaba sucediendo. Sin embargo, lo que presencié en aquellos días dejó una huella indeleble tanto en mi personalidad como en mi vida.

—¿Puede contarnos lo que sucedió? —le pidió Lea implorante.

—Con mucho gusto —le contestó él—, pero por favor, acompáñenme a la sacristía donde estarán más cómodas y podré ofrecerles una taza de té.

Mi vida en Ivansk era plácida—dijo complacido, mientras se sentaba en el diván—. Vivía con mi abuela por parte de madre, debido a que mis padres fallecieron en un accidente cuando yo tenía la tierna edad de dos años.

Hizo una leve pausa y continuó...

—Mi abuela se llamaba Bozena y yo llegué a quererla como a una verdadera madre, ya que cuando quedé huérfano se dedicó a mí por completo.

Yo me sentía muy feliz porque desde que aclaraba el día abuela Bozena me permitía salir con mis amigos y corríamos por todo el pueblo, cantando y jugando por doquier, con cualquier cosa que se nos atravesara por el camino. Puedo decirles, mis queridas señoras, que fue la etapa más bella de mi vida.

Pero un día todo cambió: habíamos escuchado varios rumores de que a los pueblos vecinos habían llegado unos hombres que pertenecían a un grupo llamado nazi, pero no le dimos mayor importancia hasta que llegaron para instalarse en Ivansk.

Al comienzo nada sucedió, pero los soldados nos apabullaban con su porte, sus uniformes impecables, las botas altas relucientes y su acento alemán tan fuerte. Su actitud era pacífica e inclusive de vez en cuando nos saludaban con un gesto de aprobación o un movimiento de mano.

El día 15 de octubre de 1942 amaneció algo nublado y mi abuela preocupada me pidió que no me alejara mucho de la casa.

Jovencito —me dijo—, recuerda que solo tienes nueve años y desde que esos nazis aparecieron con sus carros y sus motos no me siento tranquila sin saber dónde estás, por favor repórtate a menudo conmigo.

Quedé intrigado con la actitud de abuela Bozena, era la primera vez que ella me coartaba la libertad de deambular por el pueblo a mi antojo y decidí hacerle caso.

El futuro se encargaría de darle la razón.

Era muy temprano en la mañana de ese día; varios de mis amigos y yo estábamos sentados en la calle frente a mi casa jugando con unas canicas, cuando de repente oímos unos gritos fuertes en alemán.

—Schnell, schnell muévanse, schnell.

Volteamos a mirar de dónde provenían esos gritos tan atroces y cuál no sería nuestra sorpresa, cuando vimos a unos nazis de expresión feroz portando revólveres en las manos y apuntando a unas personas que habían sido nuestros vecinos por muchos años.

No entendimos qué estaba sucediendo pero empezamos a llorar y cada uno corrió tan rápido como pudo para refugiarse en su casa.

—¿Abuela, abuela, dónde estás? —la llamé a gritos.

—¿Qué sucede, Eugenio? ¿Por qué gritas de esa manera?

—Se están llevando a nuestros vecinos por la fuerza —le respondí angustiado abrazándome a ella.

—Tranquilízate, mi pequeño —me respondió ella acariciándome la cabeza—, me gustaría que te recostaras un rato mientras salgo a averiguar lo que está sucediendo.

—No abuela, no me dejes solo, tengo miedo.

—No me tardo mucho —me contestó ella tratando de tranquilizarme—, solamente voy a asomarme a la entrada de la casa y regreso.

—Asentí dudando, pero la dejé ir.

Cuando regresó a la casa una expresión de horror le cubría el semblante y apenas podía pronunciar palabra.

—¿Qué te pasa, abuelita Bozena —le pregunté temeroso. ¿Qué sucede?

Ella se sentó despacio en mi cama con expresión lejana, como si hubiera visto un fantasma. Me abrazó y me dijo:

—Se están llevando a nuestros vecinos y a mucha gente más —me respondió angustiada.

—¿Pero por qué, abuela, qué hicieron de malo?

—No hicieron nada malo, mi amor —me contestó de inmediato, el problema es que son judíos.

—¿Y qué importa si son judíos? —le respondí de in-

mediato—. Yo tengo muchos amigos judíos buenos, sus padres y sus hermanos también son buenos, entonces ¿por qué se los llevan si no han hecho nada malo?

—No lo sé mi amor, a veces la gente con demasiado poder en las manos juega a ser Dios y manipula a los demás seres humanos a su antojo —me contestó mi abuela preocupada.

La escena de violencia se siguió repitiendo día tras día, hasta que una mañana al amanecer se oyó una fuerte voz a través de un parlante instalado en la plaza central que decía:

Todos los judíos del pueblo deben presentarse en la plaza central, de inmediato, llevando consigo únicamente una pequeña valija con sus efectos personales.

Noté varias lágrimas deslizarse por los pómulos arrugados de la cara de mi abuela Bozena, y empecé a llorar yo también porque se estaban llevando a varios de mis mejores amigos.

Yo nunca había hecho diferencia entre ellos ni me importaba a qué religión pertenecían, lo importante era cómo se comportaban conmigo, la actitud tan noble que tenían, su extremada inteligencia, la dedicación que ponían en todo lo que se proponían y las maravillosas familias que los rodeaban.

Algunas horas más tarde logré escaparme de la casa ya que abuela Bozena me había prohibido salir a la calle, por el temor de que los nazis pensaran que yo era judío y me hicieran daño.

Me instalé en los alrededores de la plaza central teniendo cuidado de no acercarme demasiado, pero sí lo suficiente para poder observar todo lo que estaba suce-

diendo y me asombró ver la cantidad de gente que estaba reunida en ese sitio.

La mayoría de las mujeres lloraba abrazando a sus hijos sin comprender lo que sucedía, mientras que los hombres, queriendo defender a sus familias, apretaban los puños de frustración, ya que habían sido testigos de la manera como los nazis habían asesinado a varias personas que trataron de rebelarse.

Se seguían escuchando tiroteos y los cuerpos de varios seres humanos caían inertes al suelo.

—Mejor me voy —dije en voz alta al ver lo que estaba sucediendo, no sea que me agarren pensando que soy judío.

Esa fue la última vez que vi a mis amigos y a sus familiares. Años después supe lo que había sucedido, se los habían llevado primero al gueto en Varsovia y después a los campos de exterminación.

Evelyn empezó a llorar desconsolada. El sacerdote la miró temeroso pensando que había dicho algo indebido, mientras que Lea se acercó a ella consolándola.

—¿He dicho algo malo? —preguntó el párroco confundido.

Pensé que ustedes querían saber lo que sucedió en Ivansk durante la Segunda Guerra Mundial.

—Discúlpeme padre, no pude evitar reaccionar de esa manera —le dijo Evelyn secándose las lágrimas. Y empezó a relatarle la razón por la cual ella y Lea habían decidido realizar ese viaje tan largo e importante.

Cuando Evelyn terminó el relato, el sacerdote se quedó mirándola.

—¿Usted cree poder averiguar algo que pertenece a

su vida pasada? —le preguntó incrédulo.

—Sí, padre, sí lo creo, de eso dependen mi vida y mi felicidad.

—Que Dios las ayude en su búsqueda y cualquier otra cosa en la que pueda asistirlas no duden en preguntarme —les ofreció él levantándose del diván para despedirse.

—Muchísimas gracias, padre —dijo Lea al despedirse—, no sabe lo importante que ha sido su relato para nosotras.

—Me alegro hijas mías y espero que vengan a verme antes de irse de Ivansk.

—Con mucho gusto padre, así lo haremos —agregó Evelyn convencida.

Capítulo 17

La caminata que realizaron a través de la plaza, en completo silencio, les había servido para aclarar sus pensamientos.

—¿Cómo era posible que algo tan horrendo e inhumano hubiera podido suceder en ese pueblo? —se preguntaba Evelyn, mientras que Lea angustiada miraba al frente sin emitir palabra.

Al cabo de diez minutos llegaron a la casa, y tan pronto entraron Evelyn observó la extraña expresión que cubría el rostro de Lea.

—¿Estás bien, abuelita? —le preguntó preocupada.

—Sí, mi amor, estoy bien pero necesito hablar contigo.

—Enseguida hablamos, ponte cómoda mientras utilizo el baño —le pidió Evelyn ayudándola a acomodarse en el sofá de la sala.

En ese preciso momento golpearon la puerta y Lea con un dejo ausente se levantó para abrirla.

—Buenas tardes, mi querida señora —la saludó Greg amable.

—Por favor, pase —le pidió ella enseguida, retornando

al sofá.

—¿Y su nieta, no se encuentra?

—Ya regresa... Por favor tome asiento.

—Muchas gracias —le respondió él, haciendo caso a la sugerencia.

—Me alegro que ya haya llegado —dijo Evelyn entrando en la habitación algunos minutos más tarde, emitiendo una sonrisa afable.

—Gracias, señora —respondió él de inmediato, levantándose respetuoso mientras que ella se acomodaba en el sofá al lado de Lea.

—Siéntese, Greg, y por favor continúe el relato que estaba compartiendo con nosotras en el camino de venida hacia Ivansk, relacionado con la llegada de los nazis al pueblo.

—Con mucho gusto —contestó Greg, sentándose en el sillón cercano al sofá que ocupaban las damas.

—Un grupo pequeño de alemanes entró en Ivansk el día 7 de septiembre de 1939 —dijo Greg consultando una pequeña libreta que extrajo del bolsillo de su camisa.

Hizo una pausa y continuó...

—Al comienzo no hubo problemas ya que los alemanes no interferían con la rutina cotidiana, debido a que desconocían el territorio y cualquier incidente era manejado por la policía o por el gobierno polaco. Pero esta situación cambió a mediados del año 1941 debido a que los alemanes empezaron a exigir dinero del gobierno polaco para su manutención y el gobierno a su vez lo extraía de los habitantes del país. A medida que las exigencias por parte de los alemanes se volvieron más severas, el gobierno polaco comenzó a pedir más dinero de los

grupos judíos sin importarle que ellos tuvieran que pagar por otras personas que habitaban en el pueblo.

Los alemanes impusieron leyes opresivas a los judíos de Ivansk y a todo el territorio ocupado en Polonia.

Greg aclaró la voz y siguió contando.

Todos los judíos fueron obligados a usar bandas amarillas con la estrella de David las cuales los identificaban como judíos, impidiéndoles llevar una vida normal con relación al resto de la población, en especial a lo referente a la prohibición de comercializar con personas no judías.

Esto les creó un trágico caos económico, que trajo como consecuencia la imposibilidad de conseguir los alimentos básicos para su supervivencia. La hambruna, las enfermedades y la desesperación, crearon situaciones insostenibles.

Un joven rabino de apellido Rabinovitz muy activo en la comunidad judía, seguidor del movimiento sionista y opositor del grupo ultra-ortodoxo Chasídico, creó un servicio de cocina especial para ayudar a las personas con las mayores necesidades alimenticias. Entre ellas judíos provenientes de Viena, quienes debido a la guerra huyeron a refugiarse en Ivansk y estaban en condiciones deplorables.

Hacia finales del año 1941, miembros de una compañía alemana de construcción llamada "La organización Todt", llegaron a Ivansk con la idea de deportar a judíos jóvenes y vigorosos hacia campos de trabajo forzados donde sobrevivir era casi imposible. Debido a esa situación el rabino Rabinovitz y los demás miembros del grupo pionero sionista de la juventud, aconsejaron a los hom-

bres jóvenes huir hacia los bosques en lugar de ser deportados.

En 1942 crearon un movimiento clandestino en Ivansk, reunieron comida, compraron armas e hicieron planes para escapar en grupos pequeños hacia los bosques cercanos donde habían preparado sitios ocultos para esconderse, a pesar de que los Chasidim se oponían a la formación de los grupos clandestinos, aduciendo que era mejor seguir los decretos de los alemanes ya que solo un milagro, "la Intervención Divina", podía salvarlos.

En mayo de 1942 los nazis empezaron a deportar judíos desde las poblaciones cercanas a Ivansk, hacia los campos de concentración. En otoño de 1942 los líderes de la comunidad judía en Ivansk, supieron la fecha exacta en la cual los nazis planeaban deportarlos del pueblo.

El rabino Rabinowitz les pidió a sus seguidores y a los pioneros sionistas, que lo ayudaran a enterrar la Torá, los libros de rezos y los objetos sagrados en el cementerio judío. El día anterior a la deportación, 1600 judíos asistieron al entierro y en una ceremonia solemne el rabino Ravinowitz pronunció un discurso de despedida, pidiéndole a Dios que los ayudara en la nueva vida que iban a tener que enfrentar, y urgió a todos los asistentes a que trataran de salvar sus vidas y las de sus seres queridos.

Aproximadamente trescientas personas, entre hombres, mujeres y niños, huyeron de Ivansk para refugiarse en los bosques dirigidos por el rabino Rabinowitz. El 15 de octubre de 1942 la Gestapo e integrantes de la policía ucraniana rodearon al pueblo, y forzaron a los judíos para que salieran de sus casas hacia la plaza principal.

Los nazis requisaron cada casa, cada rincón existente

y mataron a todas aquellas personas que trataron de ocultarse desobedeciendo sus órdenes. Los judíos de Ivansk fueron llevados bajo fuerte vigilancia primero hacia el gueto de Cmielow, de ahí a Ostrowice y luego a Varsovia en donde los embarcaron en un tren de carga y los transportaron al campo de concentración de Auschwitz para su exterminación.

Solamente un judío de Ivansk, de nombre Israel Seltzer, logró escapar de Auschwitz y contó la historia del asesinato de sus correligionarios.

Las trescientas personas que huyeron a los bosques cercanos de Ivansk fueron perseguidos y capturados por la Gestapo, con la asistencia de polacos conocedores del territorio, de perros policía y los asesinaron en el acto sin ninguna compasión.

Greg hizo una pequeña pausa e iba a continuar, cuando observó el rostro de Lea bañado en lágrimas y decidió que era mejor no proseguir.

—Muchas gracias, Greg, por enseñarnos tanto sobre Ivansk —dijo Evelyn secándose el rostro —sin su ayuda no nos hubiera sido posible terminar tan pronto nuestro cometido en este pueblo. Yo creo que ya no tenemos nada que hacer aquí, y si mi abuelita está de acuerdo conmigo podemos emprender nuestro regreso mañana, después de despedirnos del sacerdote que también contribuyó mucho con nuestra búsqueda.

—Como ustedes dispongan, estoy a sus órdenes —contestó Greg ansioso.

Después de un corto diálogo entre Lea y Evelyn, decidieron pedirle a Greg que se tomara el resto del día libre, para que descansara y pudieran salir temprano de Ivansk una vez finalizada su visita con el sacerdote.

—Hasta mañana entonces —se despidió Greg atento.

—Hasta mañana —les respondieron ellas.

Lea caminó con lentitud hacia el sofá de la sala, mientras Evelyn cerraba la puerta después de que Greg salió.

—¿Evelyn, puedes sentarte un rato conmigo?, deseo conversar contigo —le pidió Lea al escuchar los pasos de su nieta que se acercaba.

—Por supuesto, abuelita —le contestó cariñosa, acomodándose a su lado.

—Lo que voy a contarte es un secreto que he guardado por muchos años y que solo Abraham ha compartido conmigo, sin comunicárselo a nadie por complacerme.

Hizo una pequeña pausa y continuó...

—Mis padres fueron personas trabajadoras y bondadosas que lograron brindarme una infancia feliz, durante la cual me sentí protegida y mimada a pesar de que no pertenecían a una clase económica alta. Nunca me faltó nada indispensable y me dieron las herramientas necesarias para poder enfrentarme a la vida.

Cuando cumplí quince años me presentaron a un señor polaco llamado Elías Wolovitsky y a sus padres, y me dijeron que en poco tiempo él se convertiría en mi esposo.

Tan pronto esas personas se fueron de mi casa, les supliqué llorando a mis padres que no me casaran con ese señor porque además de ser mucho mayor que yo, me había producido tan mala impresión que hasta sentía escalofríos.

—Lo siento, Lea —me contestó mi padre—, ya les dimos la palabra de que tú te convertirás en su esposa y

nos estrechamos las manos. En el judaísmo eso equivale a un contrato indestructible.

Continúe llorando y suplicándoles a diario que no me obligaran a casarme, recordándoles lo joven que era yo y las ilusiones que tenía, pero todo fue en vano: tres meses más tarde me casaron con Elías ante un rabino.

Mi vida de casada se convirtió en un calvario. Sus gustos y los míos diferían en todo, pero lo peor es que a él le encantaba la bebida y no había día que no se emborrachara.

De esa unión tan inestable nacieron mis dos hijos varones Joel y Miguel, quienes se convirtieron en el centro de mi vida y también en el de Elías, ya que a pesar de sus borracheras no la emprendía contra los niños sino contra mí y según su estado de embriaguez llegaba a insultarme, me faltaba el respeto y de vez en cuando me golpeaba sin compasión. Llegué a desear la muerte a los veinte años, ya que aparte de velar por mis hijos nada me importaba ni me hacía feliz.

Hablé con mis padres en repetidas ocasiones contándoles mis penurias y pidiéndoles que me ayudaran pero se resistían a creerme y yo vivía desesperaba sin saber qué hacer, a ese punto llegué a pensar que mi única escapatoria era el suicidio.

Pero y mis hijos, ¿qué sería de ellos, huérfanos de madre y con un padre alcohólico? Dios mío, ayúdame a soportar esta situación tan difícil e incomprensible, le pedía a un ser todopoderoso día y noche sin saber qué hacer.

Un día, cuatro años después de haberme casado con Elías, conocí a tu abuelo. Abraham trabajaba de agente viajero y se relacionaba con mi padre en sus negocios desde hacía seis años. Era un hombre joven... apuesto... de mediana estatura... y ojos aguarapados que me miraban en forma diferente. Yo creía percibir mucha ternura en esas miradas.

Lo que sucedió entre él y yo no fue premeditado. Ocurrió un día cualquiera en el que mi padre se enfermó, cosa que no sucedía a menudo, y me pidió que lo sustituyera en el negocio de venta de ropa.

Me senté detrás del mostrador, sumergida en mis propios pensamientos, tratando de encontrar una solución a mi vida cotidiana, y aburrida de ver pasar las horas sin que nadie entrara en la tienda.

—¿Qué le sucede, Lea? —me preguntó Abraham entrando de repente en el recinto, al verme tan angustiada.

—Nada, nada —le contesté turbada enrojeciendo de vergüenza.

—Discúlpeme si la asusté —me respondió él preocupado, al advertir el temblor de mis labios.

Y de repente algo inaudito sucedió... cuando escuché a Abraham dirigirse a mí con cariño comencé a llorar y a llorar... y a llorar, dando rienda suelta a los sentimientos que me agobiaban.

Abraham me atrajo hacia su pecho, empezó a acariciarme el cabello y dejó que continuara llorando para que descargara mis amarguras. Después de un buen rato logré tranquilizarme, suplicándole que no le comentara a nadie sobre la escena que acababa de presenciar.

—Te prometo que no le contaré a nadie lo sucedido, si tú me cuentas el porqué de tanto dolor acumulado.

Al principio dudé si debía confiarle mis problemas, ya

que era un extraño para mí, pero sentía un peso enorme que me oprimía el corazón y no tenía a nadie más con quien compartir mis penurias. Así que decidí confiar en él y empecé a contarle la vida que estábamos enfrentando mis hijos y yo, desde el día en que me había convertido en la esposa de Elías.

—¡Querida mía! —exclamó enternecido una vez que yo terminé el relato. ¿Cómo es posible que te traten con tanta dureza, si tan solo eres una jovencita asustada que está empezando a vivir? ¿Y qué dicen tus padres de todo esto, o es que acaso no les has contado cómo te trata ese sinvergüenza? —me preguntó Abraham impresionado.

—Yo les he contado todo —le contesté sollozando—, pero no me creen y no quieren involucrarse en mis problemas matrimoniales.

—¡Malditos sean! —dijo Abraham molesto—, no es suficiente traer hijos al mundo, hay que protegerlos hasta el final de sus días.

—No hables así de ellos Abraham, no deseo que les pase nada malo, yo los quiero mucho, son buenas personas, pero es lamentable que sean tan dogmáticos.

—Pero eso no les da derecho a truncar la vida de una persona y menos aún la de su propia hija, sometiéndola a una existencia miserable —gritó enfurecido.

—Tranquilízate, Abraham —le pedí enternecida—. A pesar de que estoy tan desesperada con la situación que estoy viviendo, no dejo de pensar que existe un Dios que todo lo ve y de alguna manera va a ayudarme.

—Así será, me respondió él ya más calmado.

El tiempo fue transcurriendo y nuestra relación se fue

fortaleciendo con cada encuentro. Yo misma influí para que eso sucediera ofreciéndole a mi padre sustituirlo en el negocio con demasiada frecuencia.

Recuerdo vívidamente una tarde muy especial en la que Abraham entró al negocio bastante emocionado. Nunca lo había visto así y abrazándome me dijo...

—Lea, me acaban de ofrecer un empleo en Estados Unidos, específicamente en la Florida. He estado esperando esta oportunidad por años y hoy por fin recibí una carta portadora de la buena noticia. Un buen amigo de mis padres emigró hace algunos años a la Florida buscando mejorar su situación económica, y cuando logró estabilizarse le envió los pasajes a su familia para que se reunieran con él y ahora mi querida Lea, se acordó de mí. Siempre me decía que yo era un gran vendedor y que algún día me iba a ofrecer un puesto. Ahora que abrió un negocio de venta de telas y le está yendo bien me quiere a su lado.

—¿Y tú piensas irte para la Florida? —le pregunté ansiosa.

—Por supuesto que lo haré —me respondió feliz—, es una oportunidad que se presenta una vez en la vida y no la voy a dejar pasar.

—¿Eso significa que no volveré a verte nunca más? —inquirí afligida.

—¿Es que acaso no quieres venir conmigo? —me preguntó enseguida.

—¿Qué estás diciendo Abraham? Yo soy una mujer casada con dos hijos. Mi esposo no me importa en lo absoluto, ¿pero y mis hijos?, ¿cómo puedo abandonarlos a su suerte, siendo tan pequeños?

—Llevémoslos con nosotros —me respondió el de inmediato.

—Elías nos perseguiría hasta el fin del mundo para recuperar a sus hijos, yo lo conozco muy bien en ese aspecto —le aseguré—, además es un hombre rencoroso que después de encontrarnos sería capaz de matarnos para vengarse.

—Querida mía, huyamos nosotros y empecemos una nueva vida en Estados Unidos. En varias ocasiones has estado tentada a suicidarte, ¿tú crees que eso es justo para ti?

—¿Cómo puedo abandonar a mis hijos? —le pregunté agobiada.

—Tendremos otros hijos —me contestó sereno—, además tu siempre me has dicho que Elías trata muy bien a tus hijos, ¿por qué habría de cambiar ahora?

—No sé, no sé… —le contesté asustada—, necesito tiempo para pensarlo estoy muy aturdida.

—¿Lea, tú me quieres? —me preguntó serio.

—Con toda el alma, mi amor —le contesté tan segura que me estremecí de solo pensarlo.

—¿Por qué tienes tantas dudas? —me preguntó acercándose—. Me tomó entre sus brazos y me besó con tanta pasión, que en ese momento decidí que mi futuro y mi felicidad estaban a su lado sin importarme nada más en la vida.

—Abuelita, abuelita querida, no sabes cuánto me ha impresionado tu relato. Lamento mucho por lo que has tenido que pasar en la vida —dijo Evelyn, con lágrimas en los ojos, levantándose del sofá para abrazarla.

Yo no sé lo que hubiera hecho en tu caso ya que aún

no he tenido hijos para poder sentir la magnitud de la maternidad, pero el solo pensar en una vida condenada al sufrimiento me deprime.

Lea se deshizo del abrazo de su nieta y sentándose de nuevo en el sofá, admitió...

—A pesar de la maravillosa vida que he tenido al lado de tu abuelo, no creo que de tener otra oportunidad volvería a cometer el error de separarme de mis hijos... No sabes la nostalgia, la soledad y el infierno que he vivido todos estos años pensando en cómo estaban, cómo los trataban, qué oportunidades tenían y si alguna vez lograrían perdonarme por haberlos abandonado.

—Los encontraremos, abuelita —le aseguró Evelyn cautelosa.

—¡Ojalá que así sea! —exclamó Lea con un suspiro—. Necesito que me perdonen y que comprendan las circunstancias que me llevaron a abandonarlos en esos momentos. Quiero verlos, abrazarlos, saber que están bien y decirles cuánto los he extrañado y cuánto los quiero.

Capítulo 18

El día siguiente se presentó algo lluvioso, pero eso no impidió que Greg colocara el equipaje en el baúl del carro y que ayudara a Lea y a Evelyn a apearse. Una vez comprobó que estaban bien acomodadas, se colocó enfrente del timón y soltó el freno para comenzar el viaje.

La mayoría del trayecto transcurrió en silencio, cosa que extrañó a Greg ya que la experiencia que había tenido en el viaje anterior con las dos damas había sido de amena conversación y de incesante curiosidad sobre lo acontecido en su país, y él había disfrutado poder compartir con ellas sus conocimientos.

Lea estaba dormitando cuando llegaron al hotel y Evelyn, observándola con cariño, lamentó tener que despertarla.

—Abuelita, despierta, ya llegamos a nuestro destino.

—¡Ay!, me quedé dormida —contestó Lea, incorporándose con lentitud mientras se alisaba el cabello.

Cuando descendieron del automóvil se dieron cuenta de que Greg ya había sacado las maletas del baúl y las había colocado en el cargador del portero del hotel. Se dirigieron hacia la recepción y una vez que se registraron subieron a la habitación que les habían asignado, mientras que Greg colocó las maletas en los soportes correspondientes.

—Muchas gracias por su ayuda, Greg —le dijo Evelyn—, nuestro viaje no sería el mismo sin usted. Por favor, vaya a su habitación a descansar un poco nosotras haremos lo mismo y estaremos listas para salir después del almuerzo.

—¿Hay algún sitio en particular al que desean ir? —les preguntó Greg.

—Mi abuelita y yo decidimos ir hoy a diferentes lugares para lograr nuestros objetivos —le contestó Evelyn con presteza.

Yo tengo una entrevista programada que me consiguió el sacerdote de Ivansk, en la residencia de un señor llamado Israel Seltzer, a donde me gustaría que usted me llevara. Entretanto le agradecería que acompañe a mi abuelita al ayuntamiento, mientras ella realiza sus diligencias y después me recogen en la misma dirección que me dejaron.

—Con mucho gusto —le contestó Greg. Recogió su maletín y se despidió.

Después del almuerzo se reunieron en la puerta principal del hotel.

Una vez en el carro Greg pensó de nuevo en lo calladas que estaban las mujeres, ya que no podía entender a qué se debía el cambio.

Tan pronto llegaron a la primera parada, Evelyn comprobó que la dirección correspondía a la que traía anotada en una libreta.

—Abuelita, cuídate mucho —le pidió ella dándole un beso en la mejilla y después de recomendársela a Greg descendió del vehículo.

Al acercarse a la puerta de la casa, que estaba entreabierta, observó cómo un hombre ya mayor se despedía de una anciana muy hermosa y los vio abrazarse con fuerza.

—Te voy a escribir a menudo —oyó que ella le decía.

—No sabes cuánto voy a extrañarte —le contestó él apesadumbrado, acompañándola hasta la salida donde la esperaba un chofer dentro de una camioneta. La ayudó a subirse al vehículo, volvieron a despedirse y al voltearse para regresar a su casa divisó a Evelyn.

—¿En qué puedo ayudarla, señorita? —le preguntó curioso.

—Estoy buscando al señor Israel Seltzer.

—Yo me llamo Israel Seltzer —le contestó levantando una ceja.

—El sacerdote de Ivansk me dijo que le había pedido a usted el favor de que me recibiera, yo me llamo Evelyn Rotlewicz y vivo en los Estados Unidos.

—Por supuesto que me acuerdo de la llamada del padre —le contestó apenado—. Por favor entre usted a mi casa. Me puse tan sentimental al despedir a mi hermana que se va a vivir a Francia, que quedé algo atontado.

Evelyn recorrió con la mirada la residencia antigua decorada con muebles y accesorios de los años cincuenta, y siguiendo las indicaciones de su propietario tomó asiento.

—¿Puedo ofrecerle algo de tomar? —le preguntó cortés.

—No, muchas gracias —le respondió ella—, acabo de almorzar.

Los dos se miraron por un momento y Evelyn comenzó a hablar.

—El sacerdote de Ivansk me contó que usted fue una de las pocas personas que logró escapar del campo de concentración de Auschwitz. Por casualidad, ¿tuvo usted la oportunidad de conocer a un señor llamado Duvid Zonchtein?

—Mi querida joven, han transcurrido tantos años desde lo sucedido que he olvidado muchas cosas pero ese nombre en particular no podré borrarlo nunca de mi mente —aseguró el hombre decidido.

Evelyn se estremeció ante tal aseveración y continuó escuchándolo.

—Recuerdo aquella fatídica noche cuando de repente se abrió la puerta de la barraca número treinta y siete de Auschwitz en la que habitábamos treinta hombres. Un nazi fornido, de apariencia siniestra, empujó con fuerza a Duvid para que entrara, haciendo que se revolcara en el suelo al grito de schnell, schnell. Rápido, Rápido...

Minutos después juntó las botas altas produciendo un sonido seco, dio media vuelta y salió apresurado del recinto. Dirigí la mirada hacia el recién llegado y pude observar la incredulidad y la palidez que recubrían su rostro.

—Por favor, levántese y siéntese en la litera —le pidió un compañero de barraca al verlo tan confundido.

Duvid procedió a hacer lo que le habían sugerido y yo aproveché para acercarme a él y sentarme a su lado.

—No comprendo lo que ha sucedido —exclamó preocupado.

—¿A qué se refiere? —le pregunté en voz baja.

—Mi esposa y yo salimos del tren tan pronto llegamos, varios soldados nos empezaron a empujar y a gritar palabras en alemán, nos despojaron de nuestras pertenencias y nos separaron: a mí hacia la fila de los hombres y a mi esposa hacia la de las mujeres. Después de una larga espera en la fila llegué frente al escritorio de un alemán, quien me hizo una inspección que no pude entender y me ordenó dirigirme hacia la derecha. En ese momento, por cosas del destino, vi cómo se llevaban a mi esposa al lado contrario del mío, traté de correr hacia donde ella estaba pero los soldados me lo impidieron golpeándome tan fuerte que casi perdí el sentido y después me trajeron para acá.

Bajé el rostro para evitar que Duvid viera las lágrimas que comenzaban a salir de mis ojos —dijo Israel con pesar—, ya que yo había pasado por una situación similar no hacía muchos días y aún no lograba comprender la razón de tanta crueldad.

—¿Dónde estará mi esposa?, ¿que habrán hecho con ella? —preguntó abatido.

Un compañero de barraca que ya tenía meses viviendo en el campo de concentración se le acercó a Duvid y exclamó: ¡Olvídese de ella!

—Pero, ¿qué dice, se ha vuelto loco? —le respondió molesto.

—¿No siente usted, desde que llegó, un olor a carne quemada?

Duvid asintió con la cabeza.

—Son los hornos crematorios, quemando gente humana. No me extrañaría que a su esposa ya la hayan

llevado para allá.

—No puede ser cierto lo que está diciendo este hombre —gritó Duvid desesperado.

—Es verdad —le contesté acongojado. Y en ese momento los treinta hombres empezaron a rezar el rezo por los muertos: Yis-gad-dal v'yis-kad-dash sh'mey rab-bo...

Los días fueron transcurriendo, Duvid cabizbajo no dejaba de pensar y de hablar de su esposa y de sus dos hijos. Se sentía atormentado pensando que no había sido capaz de defender a su esposa cuando se la estaban llevando los nazis y se sentía culpable de haber dejado bajar a sus hijos del camión, a lo cual yo siempre le respondía que ellos, quizás debido a la decisión que habían tomado en esos momentos, sí tendrían la posibilidad de salvar sus vidas.

Él siempre me contestaba con un gesto afirmativo pero con una infinita expresión de tristeza. Los trabajos que nos asignaban a diario eran extenuantes. No contábamos con la ropa apropiada para el crudo invierno que acontecía y nuestros zapatos, casi sin suelas, nos laceraban los pies.

Huyamos, Duvid, le sugería yo a diario, pero él me miraba pensando que podía ocurrir el milagro de que volviera a ver a su esposa y a sus hijos. Yo en cambio sabía con certeza que mi esposa había muerto y ya nada me retenía en ese lugar.

Una noche vinieron varios nazis a la barraca treinta y siete para comunicarnos que un prisionero había desaparecido y el castigo para remediar dicho desorden, como le decían ellos, era colgar en la horca a varias personas de la barraca. Al amanecer del día siguiente escogieron a varios hombres al azar y entre ellos a Duvid.

Ese doloroso evento hizo que yo tomara la determinación de huir, ocasión que se me presentó cuatro días después cuando salimos a trabajar en una carretera y el nazi encargado de vigilarnos se distrajo conversando de su novia con otro guardia.

Yo me escabullí como pude y de ahí en adelante empecé a correr y a correr sin rumbo fijo, hasta alejarme lo más pronto posible. Después decidí seguir caminando en paralelo a los rieles del tren ya que me servían de guía, y por donde pasaba trataba de conseguir algo de comer, aunque fuera robado.

Me tomó mucho tiempo llegar a Varsovia. Yo no quería regresar a Ivansk porque sabía que la gente que yo conocía ya no vivía allá, y a la mayoría de ellos los habían matado en los hornos del campo de concentración de Auschwitz.

Tan pronto llegué a Varsovia empecé a contarle a la gente sobre la experiencia que había tenido y sobre todo lo concerniente a los hornos crematorios. Nadie me creyó, pensaban que estaba loco.

¿Cómo podía pedir ayuda para algo tan trágico, tan inhumano y tan increíble? —me dijo el señor Seltzer, ocultando la cara entre las manos.

—Discúlpeme por haberlo hecho recordar tanta agonía, ése no era mi propósito —le suplicó Evelyn apenada.

—Por favor, no se preocupe —le respondió él ya más calmado—, lo que sucede es que además de esa terrible experiencia que pasé, mataron a casi toda mi familia a excepción de la hermana que usted vio cuando llegó y a la mayoría de las personas que se llevaron de Ivansk, entre las cuales tenía vecinos y amigos de toda la vida.

—Ahora comprendo muchas cosas y sobre todo la insistencia del sacerdote de Ivansk para que viniera a verlo. Cuando nos despedimos, él me explicó que usted es el único sobreviviente de las personas que transportaron desde Ivansk hasta el campo de exterminio en Auschwitz. Quisiera, si usted me lo permite, contarle mi historia, que es la razón por la que le pedí esta entrevista.

Evelyn empezó a contarle su historia desde que tenía cinco años, las pesadillas, la angustia y la desesperación de no saber qué había sucedido con su esposo y con sus hijos en la vida pasada, y la inseguridad que sentía de casarse con el hombre que amaba a sabiendas de que iba arrastrarlo a esa encrucijada del ayer que no le daba tregua.

—¡Oh Dios mío, qué historia tan increíble! Déjeme decirle Evelyn, si puedo llamarla así, que yo soy un creyente de las vidas pasadas, ya que en el campo de concentración escuché historias fantásticas, pero la suya supera a todas las demás que he escuchado, sobre todo al observar que usted es una persona que realmente ha experimentado toda esa serie de pesadillas y de sueños diurnos.

—Gracias por todo, señor Seltzer. Significa mucho para mí saber lo que sucedió con Duvid, aunque su muerte haya sido tan trágica. Es muy difícil vivir ignorando lo que aconteció con las personas que constituyeron un grupo familiar tan importante en la vida de uno.

—Así es —le contestó el pensativo—, y quiero agregarle que Bluma también murió en el campo de concentración y eso llegó a saberlo Duvid antes de morir en la

horca, debido a que un día fue referido al dispensario porque tenía un pie infectado con varias llagas, y por coincidencias de la vida la enfermera que lo atendió era originaria de Ivansk. Ella le contó que Bluma se enfermó de tifus, lo que trajo como consecuencia que la llevaran a los hornos crematorios.

Israel Seltzer hizo una pausa y continuó...

—Desde ese momento Duvid perdió el deseo de seguir viviendo, a pesar de que él presentía que sus hijos continuaban con vida.

—Ese va a ser mi próximo cometido, encontrar a los hijos de Duvid y de Bluma —explicó Evelyn ansiosa.

En ese preciso instante sonó el timbre e Israel Seltzer se levantó para abrir la puerta.

—Evelyn, aquí hay un señor que viene a buscarla.

—Por favor, dígale que me espere un rato afuera —le pidió ella enseguida.

Israel Seltzer regresó al lado de Evelyn y ella en un momento de emoción lo abrazó con fuerza, y así se mantuvieron por un tiempo hasta que ella separándose de él le dijo...

—Gracias, gracias y mil gracias por su ayuda señor Seltzer, de no ser por usted nunca hubiera sabido que sucedió con Duvid y con Bluma.

—Me alegro de haber podido colaborar con su búsqueda mi querida jovencita, y ahora le espera una nueva jornada tan importante como la anterior.

—Así es —afirmó ella, pero la voy a comenzar con nuevos bríos.

—¡Entonces, adelante y que la suerte la acompañe!

Capítulo 19

Evelyn se subió al automóvil y se acercó a Lea para darle un beso en la mejilla.

—¿Cómo te fue, abuelita?, ¿pudiste averiguar algo? —le preguntó interesada.

Lea la miró con infinita tristeza.

—No, Evelyn, no pude conseguir nada. Lo único que logré averiguar es que el veintidós de enero de 1933, Adolfo Hitler y los nazis tomaron control de Alemania, se embarcaron en una campaña contra los judíos y comenzaron los preparativos para conquistar a Europa. En esos momentos de tanta inseguridad Elías decidió irse del país llevándose a mis hijos, sin dejar ningún rastro. Quizás lo hizo para protegerse o para castigarme, pensando que algún día yo iba a regresar a buscarlos y no quiso que existiera la posibilidad de que yo volviera a reunirme con ellos.

¡Te imaginas que yo, su madre, no pueda verlos antes de morirme! —exclamó desesperada y se puso a llorar.

Greg las observó a través del espejo retrovisor sin entender lo que estaba sucediendo y vio cómo las lágrimas descendían del bello rostro de Evelyn, quien a su vez trataba de consolar a Lea sin lograr su cometido. Soltó el freno del carro en silencio y lo dirigió hacia el hotel.

Una vez llegaron a la habitación, Evelyn le dio una pastilla tranquilizante a Lea, la ayudó a desvestirse y la acompañó un buen rato al lado de la cama mientras se quedaba dormida.

Después procedió a llamar a Estados unidos.

—Aló, aló, ¿quién habla? —preguntó Víctor.

—¡Soy yo, papá! —exclamó Evelyn emocionada. ¿Cómo estás tú, y cómo están mamá y abuelito Abraham?

—Estamos todos muy bien, hija querida. ¿Cómo les ha ido en el viaje a ti y a tu abuelita?

—Bien, papá —le respondió ella de inmediato. Abuelita estaba agotada y se acostó un rato. Hemos realizado varias indagaciones y hoy me siento mejor después de haber podido saber lo que sucedió con Duvid y Bluma, a pesar de que fueron asesinados en el campo de concentración de Auschwitz. Sin embargo, aún me falta averiguar el destino de sus dos hijos Ariel y Ethel.

—¿Y qué vas a hacer al respecto? —le preguntó él curioso.

—Estoy pensando ir para Francia, si les parece bien a ti y a mi mamá. No sé si recuerdas que en una de las sesiones de hipnotismo con el doctor Eidelman, cuando Tamara Ianofsky, la amiga de Bluma, le contó que habían llevado a los niños a Francia a "La casa de Izieu", un campo de verano para niños y que allá estaban seguros.

—Sí, lo recuerdo, hija, pero me pregunto si ese sitio todavía existe y si alguien podrá darte información al respecto.

—Tengo que intentarlo, papá.

—Lo sé hija mía, sigue adelante.

—Gracias por tu comprensión y por tu apoyo. Por favor dale muchos saludos a mi mamá, sé que hoy debe estar reunida con sus amigas jugando a las cartas y al abuelito Abraham voy a llamarlo enseguida.

—Cuídate mucho, Evelyn. ¿Cuándo piensas salir para Francia?

—Aún no lo he decidido pero tiene que ser muy pronto, estoy deseando regresar al lado de ustedes.

—Y nosotros también las extrañamos mucho.

—Hasta pronto, papá —le dijo ella con nostalgia.

—Hasta luego, mi amor.

Evelyn sostuvo el receptor en la mano por unos segundos y decidida volvió a marcar a Estados Unidos.

—Adelante, ¿quién habla? —oyó que le contestaban.

—Abuelito, soy yo, Evelyn.

—¿Cómo estás, mi niña querida y cómo está mi esposa?

—Estamos bien, abuelito. Abuelita está descansando y yo quería aprovechar el momento para decirte que me contó el secreto que ustedes han guardado por tantos años. Ella ha estado investigando acerca del paradero de sus dos hijos, pero es lamentable que el señor Elías se fuera del país desde 1933, llevándoselos con él.

—¡Qué pena! —respondió él consternado.

—Así es abuelito, hoy no ha sido un buen día para ella y yo no sé qué hacer, ya que estoy pensando ir a Francia para continuar con mis investigaciones, pero después de que abuelita se enteró que no podrá ver a sus hijos se ha deprimido mucho y no sé si querrá continuar el viaje conmigo o regresar a Estados unidos.

—Pregúntaselo a ella —respondió él enseguida.

—Así lo haré, abuelito. Hasta pronto.

—Envíale un fuerte abrazo a Lea y dile que estaré esperando, ansioso, su llamada.

Durante varios días Lea permaneció dormitando o sumida en sus pensamientos e ignorando la comida. A Evelyn, quien trataba de reconfortarla, le era muy difícil enfrentar esa situación tan dolorosa, especialmente ver sufrir de esa manera a una persona a quien ella quería tanto.

Una mañana se armó de valor y entrando en el recinto donde estaba Lea, empezó a hablarle.

—Abuelita, necesito hablar contigo.

Lea asintió con un movimiento de cabeza.

—Llevamos varios días sin progresar en nuestras gestiones y para poder continuar yo tengo que ir a Francia, que fue el último lugar mencionado en una de las sesiones de hipnotismo que tuve con el doctor Eidelman, sobre el paradero de los hijos de Bluma. Quiero saber si tú deseas acompañarme a Francia o quieres regresar a Estados Unidos.

Lea titubeó antes de contestarle.

—Me voy contigo a Francia —le respondió decidida—, no puedo dejarte ir sola.

—Gracias, abuelita —le dijo abrazándola, y al mismo tiempo se sintió aliviada de poder sacarla del estado de depresión en el que estaba sumida.

—Entonces comenzaré con los preparativos para nuestro viaje.

Lea asintió, de nuevo.

El día siguiente comenzó con mucha actividad: la salida de hotel, el trayecto al aeropuerto, el chequeo de los pasajes y de las maletas. Lo que más les afectó, fue la despedida de su fiel compañero Greg.

—Muchísimas gracias, Greg —le dijo Evelyn abrazándolo, nuestro viaje sin usted hubiera sido muy difícil. Su ayuda y dedicación han sido invaluables para nosotras, e hicieron que pudiéramos cumplir con nuestro cometido, le estaremos eternamente agradecidas y no quiero que esta despedida sea un adiós sino un hasta pronto ya que esperamos volver a verlo.

Greg las miró agradecido y sonriendo expresó:

—Para mí ha sido un verdadero placer haber podido acompañarlas, y sobre todo que hayamos logrado encontrar algunas soluciones para sus problemas.

Lea le extendió la mano a Greg diciéndole...

—Muchas gracias por todo.

El tomó la mano de Lea y se la besó.

—Hasta pronto, mi bella dama, algo dentro de mí me dice que usted va a volver a ver a sus hijos, es solo cuestión de tiempo.

—Gracias de nuevo y hasta pronto —le respondió Lea entristecida.

Capítulo 20

"La casa de Izieu", leyó Evelyn que decía en el cartel de la entrada y su corazón se estremeció ante la expectativa de encontrar el paradero de Ariel y de Ethel.

Pulsó el timbre y mientras esperaba a que alguien le abriera la puerta sintió retortijones en el estómago, y pensó que se debían a que desde que salió de Lyon no había tenido tiempo de detenerse en algún sitio para comer.

—¿En qué puedo servirle, señorita? —le preguntó en francés una señora mayor.

—¿Habla usted inglés? —inquirió Evelyn titubeando.

—Por supuesto —le contestó la señora con un perfecto acento inglés.

—Disculpe la molestia, señora, sé que todavía no son las horas regulares en que la casa está abierta al público, pero estoy muy ansiosa de conversar con alguien que conozca la historia de este lugar y de los niños que habitaban en ella.

—Siga adelante, —le respondió la señora en tono cordial.

—Soy madame Margot Pasteur, tengo muchos años

dirigiendo este lugar y me emociona conocer personas que tienen un interés genuino por descubrir la verdadera historia de lo que le sucedió a los habitantes de esta casa. ¿Le puedo ofrecer un té con galleticas?

—Se lo agradecería mucho —le contestó Evelyn, escuchando de nuevo los sonidos de su estómago producidos por el hambre que tenía.

Una vez acomodadas en una salita de estar adonde la había conducido madame Pasteur y después de saborear el delicioso té inglés con galleticas, Evelyn se sintió en confianza para abordar el tema que le interesaba.

—Estimada señora Pasteur —le dijo en tono cariñoso—, usted es una anfitriona increíble, ¿le molestaría mucho que le hiciera algunas preguntas?

—Todo lo contrario, me encantaría poder ayudarla.

—¿Podría contarme algo sobre la casa de Izieu? —le preguntó Evelyn ansiosa.

—Por supuesto —le contestó ella y comenzó el relato.

Entre los años 1940 y 1941 el pueblo francés estaba agobiado por la derrota de su país y preocupado por los problemas socioeconómicos que estaba enfrentando, y no reaccionó en forma debida a la persecución de los nazis contra los judíos.

La única entidad que actuó ante este descarado antisemitismo, fue una organización de caridad llamada "Oeuvre de Secours aux Enfants" (OSE), creada en Rusia en el año 1912 para ayudar a las necesidades sociales y médicas que pudieran tener niños y jóvenes judíos y no judíos.

Desde 1941 muchos niños fueron alojados en la casa de la OSE localizada en Palavas-Les-Flots, liberándolos de los internados en Vichy, atendiendo sus necesidades y tratando de protegerlos de una deportación a los campos de exterminio, por iniciativa de una pareja de personas caritativas de nombres Miron Zlatin, un distinguido agrónomo y Sabine Zlatin, una enfermera de la cruz roja francesa, con el apoyo del prefecto del departamento de Hérault, un señor de apellido Bénédetti.

Cuando el departamento de Hérault empezó a deteriorarse a principios del año 1943, a consecuencia de la guerra, el prefecto le sugirió a los Zlatin que se reubicaran en la pequeña villa de Izieu, no lejos de Lyon, ya que esa zona estaba controlada por tropas italianas y no por tropas francesas.

En pocas semanas Miron y Sabine Zlatin, con cuarenta y cuatro niños de tres a trece años y siete profesores, se trasladaron a la casa de Izieu, la cual permanecía vacía durante el año y solamente era utilizada por un colegio católico en las vacaciones del verano. Allí se reorganizaron y comenzaron su vida cotidiana. Pero la capitulación italiana, en septiembre de 1943, provocó la ocupación de los nazis y en febrero de 1944 algunos colaboradores de la OSE fueron detenidos por la Gestapo, por lo que la organización decidió clausurar de inmediato todas las casas de las que disponían para la protección de los niños.

El seis de abril de 1944 la Gestapo, bajo la dirección de Claus Barbie, conocido como el "Carnicero de Lyon", entró en la casa y arrestaron a los niños y a sus profesores, a excepción de un estudiante de medicina llamado León Reifman que logró escapar saltando por una ventana y de Sabine Zlatin quien no estaba en la casa en ese momento.

Cuarenta y dos niños y cinco adultos fueron enviados en diferentes transportes desde Drancy hasta Auschwitz-Birkenau donde fueron asesinados. La única sobreviviente de ese grupo fue la profesora Lea Feldblum debido a que la emplearon en el campo para separarla de los niños que tanto quería. Ella relató los acontecimientos que sucedieron después de la captura.

Dos jóvenes y el director del orfanato, Miron Zlatin, fueron deportados a Estonia y allá los mataron en el verano de 1944. En 1987, en Lyon, —agregó la señora Pasteur, haciendo una pausa— se llevó a cabo un juicio contra Klaus Barbie, después de ser extraditado de La Paz, Bolivia, en el que se le juzgaba por crímenes contra la humanidad y fue sentenciado a cadena perpetua.

Durante el tiempo en que duró el juicio, Sabine Zlatin creó una nueva organización, sin fines de lucro.

El veinticuatro de abril de 1994 el presidente francés François Mitterand, rindió tributo a los niños y a sus profesores. Para esa ocasión se asignaron la casa de Izieu, donde ellos vivieron y una granja adyacente, donde se creó un museo sobre los hechos históricos de los eventos ocurridos. Quiero mencionarle también sobre el destino de otros once mil niños judíos, que fueron deportados desde Francia hacia los diferentes campos de concentración para su exterminio.

—¡Oh Dios mío! —susurró Evelyn estremecida, conteniendo las lágrimas.

—¿Sabe cuántos adultos fueron deportados desde Francia hacia los campos de concentración con la ayuda de la policía francesa, para su aniquilación? —le preguntó la señora Pasteur a Evelyn.

Ella denegó con la cabeza.

—*En total, los alemanes deportaron setenta y cinco mil judíos desde Francia, enviando a la mayoría de ellos en trenes de carga hacia el campo de concentración en Auschwitz.*

En ese momento, Evelyn no aguantó más y empezó a llorar desesperada.

—Lamento haberla asustado con mi narración —le dijo la señora Pasteur compungida—, pero se trata de hechos reales que al principio de mi llegada a esta casa no me dejaban conciliar el sueño, sobre todo cuando me dedique a estudiar cada caso por separado y vi las fotos de los niños, de sus familias y de los papeles con los que fueron transferidos de un país a otro, arrancados a la fuerza de sus familiares y sometidos a internados tan agobiantes que solo la colaboración de los adultos que se hicieron cargo de ellos en la casa de Izieu, lograron mitigar, en parte.

—Le estoy muy agradecida por contarme la historia de este lugar —le dijo Evelyn secándose las lágrimas—, pero ahora quisiera preguntarle sobre dos niños que ando buscando y que creo que vivieron en la casa de Izieu.

—La señora Pasteur la miró incrédula preguntándole...

—¿De quiénes se trata?

—De Ariel y de Ethel Zonchtein.

—¿Cómo sabe usted de esos dos niños? —casi le gritó la señora Pasteur.

Entonces Evelyn empezó a contarle su historia y cuando concluyó, vio como su interlocutora se levantaba y acercándose a ella la abrazó diciéndole.

—Mi pobre niña, cómo ha sufrido usted. Voy a consultar mis libros para tratar de ayudarla. El apellido que mencionó me suena familiar, por favor espéreme un momento.

Evelyn asintió y se dispuso a esperar. Al cabo de unos minutos, la señora Pasteur regresó portando un libro en sus manos.

—Aquí están los datos de los niños que habitaron en esta casa—, aseguró la señora Pasteur tomando asiento—. Desde el nombre de sus padres, quién los trajo a la Casa de Izieu y cuándo se fueron e inclusive si formaron parte del arresto que llevó a cabo la Gestapo con la ayuda de Barbie.

—Por favor, busque el nombre de los niños —le pidió Evelyn ansiosa.

—Aquí están —le respondió la señora Pasteur y continuó diciendo...

—Ariel Zonchtein nació el quince de abril de 1934 en Polonia, era hijo de Duvid Zonchtein nacido en Polonia en 1908, y su esposa Bluma Feldman de Zonchtein nacida también en Polonia, en 1911.

Fue traído a la casa de Izieu por un representante del consulado francés quien mencionó haberlo entregado en nombre de los señores Moris y Tamara Ianofsky, quienes le explicaron que sus padres habían sido víctimas de una redada nazi en Polonia y ellos habían decidido enviarlo a Francia, para protegerlo de ser deportado a Auschwitz.

—Oh Dios mío, oh Dios mío —gritó Evelyn sin poder contenerse—. Yo viví todo eso en mis pesadillas, con nombres propios, lugares y eventos. ¿Cómo es posible que todo eso haya ocurrido?

La señora Pasteur la miró intensamente diciéndole:

—Para los místicos, el *déjà vu* no es más que la consecuencia lógica de la reencarnación y los psicólogos coinciden en que esas sensaciones tienen algún mensaje importante para quienes las perciben. En este caso usted experimentó una serie de emociones y vivencias, que al analizarlas logró conocer el significado del dolor que experimentó en una vida pasada, llevando consigo en esta vida una carga insostenible, por no saber qué había sucedido con su esposo y sus hijos.

—¿Y Ethel, también aparece en sus reportes?

La señora Pasteur volvió a consultar en el libro y encontró el nombre de Ethel Zonchtein nacida en Polonia el 18 de agosto de 1935, con los mismos padres de Ariel y decía que era hermana de él y fue entregada en la casa Izieu por el mismo representante del consulado francés que trajo a su hermano, en nombre de Moris y Tamara Ianofsky.

—¡Sí, ellos son! —exclamó Evelyn emocionada. Por fin los encontré. Mil gracias por ayudarme, mi querida señora Pasteur.

—Siéntese, mi joven amiga —le pidió Margot Pasteur casi en susurros.

—¿Sucede algo? —inquirió Evelyn preocupada.

—Así es —le respondió ella con expresión triste.

El reporte dice que la OSE creó una red de resistencia que implicaba operaciones ilegales para esconder a los niños, conseguirles ropa, utilizar profesionales para elaborar papeles falsos de identidad y un transporte clandestino para llevar a los niños desde Francia hacia países neutrales y así salvarles la vida. Además hicieron arreglos para que en cualquier evento que sucediera que hiciera desaparecer a la OSE, su trabajo continuara.

Para eso elaboraron listas con los nombres de los niños, utilizando códigos y los enviaron a Ginebra donde la organización estableció una oficina en diciembre de 1942. Esa oficina sirvió de base en la Suiza neutral para que la OSE pudiera comunicarse con el resto del mundo y se mantenía en contacto con la oficina principal en Chambéry, lo cual ayudó mucho a la organización en su trabajo clandestino.

Gracias a esas listas hoy en día contamos con la información necesaria, como en su caso, en el que está buscando el rastro de esos dos niños.

La señora Pasteur, hizo una pausa y continuó...

Después de una extensiva y meticulosa preparación, el plan se puso en marcha en 1943. Se comenzaron a formar grupos de seis a diez niños acompañados por guías que trabajaban bajo las directas órdenes de la OSE, siguiendo instrucciones precisas lograron llegar y cruzar la frontera Suiza.

De esta forma, varios grupos de niños se salvaron del destino que los esperaba. Pero cuando sucedió la capitulación italiana en septiembre de 1943, los nazis colocaron guardias en la frontera franco-suiza haciendo que la OSE detuviera sus actividades por tres meses, y al reanudarlas decidieron cambiar el recorrido, dirigidos por George Loinger, siguiendo la ruta del río Avre desde el pueblo de Annemase hasta un bosque cerca de la frontera suiza. Allá descansaban, luego ayudados por oficiales municipales de Annamase, y algunos grupos de partisanos que les colaboraban estudiando los movimientos de la guar-

dia alemana, lograban cruzar la frontera suiza. Con este método y aumentando el número del grupo de niños de doce a veinticinco, lograron liberar a más de mil niños y a un gran número de adultos.

Pero el 8 de febrero de 1944, la Gestapo llevó a cabo una redada en las oficinas de la OSE en Chambéry, arrestando a siete directores y a varios visitantes que se encontraban allá en esos momentos, lo que trajo como consecuencia que se terminaran todas las actividades de la organización.

—¿Y qué sucedió con Ariel y Ethel? —preguntó Evelyn angustiada.

—Ellos fueron parte de la redada llevada a cabo por la Gestapo y por Klaus Barbie, le respondió la señora Pasteur.

Ese fatídico día de 1944 a las nueve de la mañana, tres vehículos llegaron a la casa de Izieu: el carro de Klaus Barbie y dos camiones cargados de soldados alemanes, los cuales entraron a la casa sorpresivamente e hicieron uso de sus rifles al tiempo que tiraban a los llorones y asustados niños en la parte trasera de los camiones, como si se tratara de sacos de papas.

Enseguida arrestaron a sus maestros a excepción de León Leifman y de Sabine Zlatin.

Después fueron encarcelados en el fuerte Montluc en Lyon, donde los interrogaron hasta caer la noche. Al día siguiente, algunos adultos escoltados y los muchachos mayores fueron transportados a Drancy en un tren de pasajeros.

Treinta y cuatro niños, acompañados por Lea Feldblum y dos adultos más, fueron deportados a

Auschwitz y llevados a las cámaras de gas, a excepción de Lea. Ella fue la única sobreviviente que pudo dar testimonio de lo sucedido.

—Oh Dios mío, qué suerte tan triste les tocó a mis pobres niños —dijo Evelyn sollozando. Después de una búsqueda tan intensa, yo pensé que iba a encontrarlos vivos, o por lo menos que iba a conocer a sus descendientes... Ellos no saben cómo me duele todo lo que tuvieron que vivir —dijo apoyando la cara entre las manos y rompió a llorar inconsolable.

—Ya todo pasó, mi niña querida —le dijo la señora Pasteur, abrazándola. Por lo menos se va a ir de aquí sabiendo que ya no les pueden hacer más daño.

—Así es... —musitó Evelyn resignada.

Capítulo 21

Evelyn llegó a la habitación del hotel y cerrando con cuidado la puerta por si su abuelita estaba dormida, avanzó despacio para evitar hacer ruido y sintió que el cansancio casi la vencía.

—Evelyn, ¿eres tú?

—Sí, abuelita soy yo —respondió abriendo la puerta de la recámara donde ella se encontraba.

—¿Cómo te fue en tus indagaciones? —le preguntó curiosa.

Evelyn se le acercó para darle un beso y al recostarse a su lado le estrechó la mano, diciéndole...

—Yo diría que bien, ya que conocí a una señora de nombre Margot Pasteur. Ella trabaja en La Casa Izieu y sabe en detalle la historia de lo sucedido en esa época gracias a una organización llamada OSE, la cual tuvo la precaución de preparar listas completas de todos los niños y los profesores que habitaron en las casas que ellos crearon para proteger a miles de criaturas de una deportación segura, antes de que los nazis la desmantelaran.

—¿Y qué sucedió con ellos? —le preguntó Lea muy

interesada.

—La historia es larga y muy triste —comentó Evelyn ansiosa. Lamento que no te hayas sentido bien esta mañana, cuando decidimos ir a indagar sobre La Casa de Izieu, ya que considero que aprendí mucho sobre los acontecimientos que sucedieron antes y después de la guerra.

—Cómo me hubiera gustado poder acompañarte —dijo Lea suspirando, pero últimamente he estado muy deprimida y eso me ocasiona fuertes dolores de cabeza.

—Te prometo abuelita querida, que voy a ayudarte a conseguir el paradero de tus hijos a costa de lo que sea. Ya no puedo hacer nada más respecto a Duvid, Bluma, Ariel y Ethel porque todos ellos fueron transportados en trenes de carga al campo de concentración en Auschwitz y allá los asesinaron en los hornos crematorios —agregó sollozando.

—¡Oh Dios mío! —gritó Lea horrorizada—, estaban en la época más bonita de sus vidas.

—Correcto, abuelita, Adolfo Hitler dentro de su locura y sediento de poder llevó a cabo un genocidio sin nombre contra los judíos que odiaba, secundado por un país confundido social y económicamente, que lo obedeció a ciegas sin comprender que sus acciones respondían a impulsos malignos y sin prever las consecuencias.

Evelyn al percatarse de que su abuelita palidecía, decidió cambiar de tema.

—Ayer hablé con Jonathan por teléfono y me contó que a Dios gracias toda la familia se encuentra bien y te envía muchos saludos. Estuvimos comentando el milagro que ha ocurrido: ya no tengo pesadillas de noche ni sueños diurnos. Debido a lo ocupadas que hemos estado en nuestras búsquedas, no me había dado cuenta de que estaba descansando en las noches sin interrupciones y yo pensaba que se debía al cansancio por las actividades de cada día.

—Mi bella Evelyn —expresó Lea—, no sabes cuánto me alegro de que hayamos realizado este viaje, ya que has logrado quitarte la tortura que representaban esas pesadillas y podrás continuar con tu vida.

—Así es, abuelita, me siento liberada de los fantasmas del pasado que me atormentaban sin descanso.

Le estoy muy agradecida al doctor Eidelman por sugerirme la idea del viaje, a mis padres por apoyarme en todo momento, a Jonathan por confiar en mí y a ti por acompañarme en esta odisea.

—Cuenta siempre conmigo.

—Te quiero mucho, abuelita —le respondió Evelyn abrazándola—, y te prometo que de aquí en adelante dedicaré todo mi tiempo para ayudarte a encontrar a tus hijos.

Capítulo 22

—¿Abuelita, dónde estás? —la llamó Evelyn buscándola por la habitación del hotel.

—Estoy en la terraza —le contestó Lea enseguida, al no estar acostumbrada a escuchar hablar a su nieta en voz tan alta.

—Abuelita querida, te tengo muy buenas noticias —le dijo abrazándola emocionada.

—¿De qué se trata, mi niña?

—¡De tus hijos Joel y Miguel!

—Pero, ¿qué estás diciendo? —le contestó Lea angustiada.

—Siéntate, abuelita, porque te veo muy ansiosa —le contestó Evelyn tratando de tranquilizarla.

Una vez que Lea se acomodó en el sofá, Evelyn empezó a contarle lo sucedido.

—Esta mañana me levanté muy temprano y al ver que aún dormías, decidí bajar a desayunar algo liviano en la cafetería. Una vez que terminé de comer no tenía nada que hacer mientras esperaba a que tú te despertaras y decidí ir al centro de negocios del hotel.

Encendí una computadora, me metí en Facebook para ver qué había de nuevo sobre mis amigos y gente conocida y después se me ocurrió investigar qué otras personas podía encontrar y busqué a Joel Wolovisky. Para mi sorpresa apareció listado el nombre y cuando indagué un poco más me di cuenta de que se trata de un médico residenciado en Israel, entonces decidí navegar en internet y buscar la especialidad que tenía y el número de teléfono en el que podía conseguirlo.

Una vez que obtuve el número y supe que era cardiólogo, llamé al consultorio preguntando por el doctor Joel Wolovisky, le expliqué a la recepcionista que soy familia del doctor, vivo en Estados Unidos y quería confirmar si él es la persona que estamos buscando.

—¿Cómo puedo ayudarla, señorita?

—Quiero saber si el papá del doctor se llama Elías y el hermano Miguel.

—Así es, señorita. El padre del doctor ya falleció y su hermano, al igual que el doctor, vive en Tel Aviv.

—Muchísimas gracias por la información —le dije mientras experimentaba una subida de adrenalina, que me produjo una inesperada taquicardia.

—¡Oh Dios mío, no puede ser verdad! —exclamó Lea excitada.

—Sí, abuelita querida, son ellos; no tengo la menor duda.

Lea empezó a llorar desconsolada.

—¿Pero qué te sucede, abuelita, por qué lloras? —le preguntó Evelyn preocupada.

—De la emoción tan grande que siento en estos momentos al imaginar que pronto podré reunirme con mis hijos.

—En eso estaba pensando, abuelita, ¿por qué en lugar de regresar a Estados Unidos, no nos vamos para Israel ya que estamos a la mitad de camino?

—Dios te bendiga, Evelyn, por la noticia que acabas de darme y por tu ayuda. —Pues sigamos adelante con nuestra idea. Llama a abuelito Abraham, cuéntale lo sucedido y pregúntale su opinión sobre el viaje a Israel.

—Enseguida lo llamo —le respondió ella emocionada.

Al cabo de un tiempo, Lea se reunió con su nieta para contarle que su esposo no solo estaba de acuerdo con la idea del viaje a Israel, sino que le aconsejaba que utilizara cualquier recurso para encontrar a sus hijos.

—Qué bueno, abuelita, ahora me toca a mí llamar a mis padres y a Jonathan para contarles sobre nuestros planes.

Lea asintió con la cabeza y Evelyn dándole un beso en la mejilla se retiró a su habitación para tener privacidad en sus conversaciones.

—Amor mío —escuchó Evelyn que le decía Jonathan al otro lado del cable telefónico—, te quiero mucho y no sabes la falta que me haces, menos mal que ya quedan pocos días para que regreses, ya no puedo esperar más.

—Jonathan —dijo Evelyn haciendo una pausa antes de proseguir hablando—, yo también te quiero mucho y te extraño sobremanera, pero ha surgido un dilema que tenemos que resolver y no podemos regresar enseguida.

—¿A qué te refieres? —le preguntó él confundido—. Pensé que iban a estar de vuelta en Estados Unidos en tres días, eso fue lo que tú me dijiste en nuestra conversación anterior.

—Así es, pero resulta que yo no sabía que durante la época en que mi abuelita vivió en Polonia, estuvo casada y tuvo dos hijos. Cuando emigró a Estados Unidos no pudo llevarse a sus dos hijos y en este viaje estuvo tratando de localizarlos en Polonia pero no los pudo encontrar. Por esa razón se deprimió de tal manera que no comía, ni quería salir conmigo y se la pasaba dormitando, yo llegué a pensar que estaba enferma. Pero esta mañana me desperté pensando cómo podía encontrar a sus hijos y resultó más fácil de lo que yo pensaba.

Ellos están en Israel y tanto abuelito Abraham como mis padres, con los que acabo de hablar, están de acuerdo en que vayamos a buscarlos a Israel.

—¡Qué historia tan increíble! —dijo Jonathan sin poder contenerse.

—No sabes cómo quedé de sorprendida cuando escuche la historia de labios de mi abuelita —le respondió ella de inmediato—. Siempre la vi como una persona querida, recatada, toda una dama y sin embargo algunas veces la sentía como ausente. Yo pensaba que era parte de su personalidad, pero ahora que sé lo terrible que ha sido vivir con esa experiencia tan traumática, he logrado comprender los altibajos de su personalidad.

—Mi querida Evelyn —le contestó Jonathan enternecido—, comprendo por lo que están pasando y a pesar de que estoy loco por verte te pido que hagas todo lo que sea necesario para ayudar al encuentro de tu abuelita con sus hijos. Yo estaré esperándote con los brazos abiertos.

Capítulo 23

El avión de la línea El-Al tocó tierra en el aeropuerto Ben Gurion en Israel.

Evelyn miraba extasiada a través de la ventanilla, pendiente de todas las maniobras que estaban realizando los empleados del aeropuerto y al mismo tiempo pensaba en lo afortunada que se sentía de volver a visitar la tierra prometida. Cuando decidió voltear la cabeza para compartir un comentario con Lea, se dio cuenta de la profunda emoción que la embargaba y tuvo miedo de que a su avanzada edad algo inesperado le sucediera.

—Abuelita, por favor, tranquilízate aún tenemos varias cosas que hacer, no quiero que se te suba la tensión y tengamos que buscar asistencia médica.

—Voy a tratar de tranquilizarme —le contestó Lea enseguida—, lo que sucede es que tengo un volcán a punto de hacer erupción dentro de mí. Estoy experimentando una mezcla de recuerdos, tristezas, sinsabores, alegrías, amor y miedo.

—¿Por qué miedo, abuelita?

—Miedo a que mis hijos me rechacen por haberlos

abandonado—, le respondió angustiada.

—Después de tantos años no creo que eso vaya a suceder —le aseguró Evelyn.

—Dios quiera que así sea —casi imploró Lea llevándose la mano al corazón.

Después de esa breve conversación no tuvieron más tiempo para intercambiar ideas, ya que el descenso del avión, la caminata por el interior del aeropuerto, el chequeo de los pasaportes y la búsqueda de las maletas, les exigió toda su atención, pero una vez que se montaron en el taxi escogido para llevarlas al hotel Sheraton en Tel Aviv, volvieron a tener oportunidad de pensar en lo que debían hacer para poder reunirse con Joel Wolovisky.

—Evelyn —le dijo Lea mirándola a los ojos—. Yo quisiera dejar las maletas en el hotel e irme de inmediato al consultorio de mi hijo.

—Abuelita querida, yo sugiero que lleguemos a la habitación, descansemos un poco y después de almorzar en el hotel vayamos al consultorio, ya que estoy segura de que tendremos que esperar hasta que el doctor ausculte a todos los pacientes que tienen cita, antes de que nos permitan entrar a verlo.

—Tienes toda la razón, Evelyn; lo que sucede es que estoy dejándome llevar por el corazón, mientras que tú estás pensando con la cabeza.

—Vamos, abuelita —le pidió Evelyn viendo que el taxi daba la vuelta alrededor de una glorieta para estacionarse frente al hotel.

Tan pronto subieron a la habitación y le dieron una propina al muchacho que las ayudó a subir las maletas, Evelyn le propuso a Lea que se recostara un rato para que repusiera las energías que iba a necesitar en la tarde, mientras que ella se iba a encargar de desempacar la ropa y los utensilios de baño y a colocar cada cosa en su lugar.

—Gracias por tu ayuda—, le dijo Lea dirigiéndose al dormitorio para desvestirse ya que se sentía muy fatigada.

Evelyn la siguió con la mirada hasta que la perdió de vista y procedió a desempacar. Una vez que terminó su cometido, se dirigió a la terraza donde decidió sentarse en una silla de metal localizada frente a una mesa redonda con cuatro sillas y divisando el panorama tan majestuoso que tenía, con la vista del mar, la playa y todas aquellas personas que se dirigían a disfrutar de esas maravillas de la naturaleza, no pudo dejar de pensar en el contraste de lo que a ellas les esperaba, más tarde, cuando Lea le dijera a su hijo que era su madre.

—Oh, Dios mío —pidió en voz alta desde lo más profundo de su corazón—, no permitas que Joel Wolovisky rechace a mi abuelita, ya que para ella significaría el final de sus días.

A las tres de la tarde Lea y Evelyn descendieron del taxi y se dirigieron hacia el consultorio que indicaba el anuncio en hebreo:

"Doctor Joel Wolovisky. Cardiólogo".

—Buenas tardes, señora —saludó Evelyn a la recepcionista, en inglés.

—¿En qué puedo ayudarla, señorita? —le respondió ella con amabilidad.

—La señora y yo somos familia del doctor Wolovisky y quisiéramos tener la oportunidad de conversar con él.

—Como usted podrá observar el doctor tiene cita con varios pacientes pero si ustedes quieren esperar a que se desocupe, puedo preguntarle si tiene tiempo de recibirlas después de las consultas.

Evelyn asintió con la cabeza y se dirigieron a tomar asiento en la sala de espera, mientras que veían a la recepcionista levantarse de su asiento y dirigirse hacia el interior del consultorio.

—El doctor las va a recibir cuando termine las consultas —les confirmó la recepcionista tan pronto entró en la sala de espera, acrecentando la ansiedad que Lea estaba experimentando.

—Gracias por su diligencia —le dijo Evelyn. Aquí estaremos esperando todo el tiempo que sea necesario.

Tres horas transcurrieron y cuando Lea empezó a angustiarse ante tanta espera, escuchó que las llamaban.

—Por favor vengan conmigo, el doctor las está esperando.

—Sigan adelante —les dijo el doctor Wolovisky levantándose del escritorio—, y tomen asiento, les pidió señalándoles sendas sillas que se encontraban colocadas enfrente de su escritorio.

—¿En qué puedo ayudarlas? —les preguntó curioso.

Lea lo observó detenidamente admirando su cabello marrón obscuro brillante... su porte alto... delgado y decidido... y en ese preciso momento, experimentando fuertes latidos en el corazón, no tuvo la menor duda de que ese hombre era su hijo.

—Mi nombre es Lea Rotlewicz —le dijo emocionada. *En el año 1929 viví en Polonia y estuve casada con Elías Wolovisky, hizo una pausa y continuó... de esa unión nacieron dos hijos llamados Joel y Miguel.*

Él respiró profundo preguntándole emocionado:

—¿Es usted mi madre?

—Sí, hijo, yo soy tu mamá, la que después de tantos años de una búsqueda intensa ha logrado encontrarlos.

—¡Bendito sea Dios! —agregó casi sin aliento— Mamá, tanto que te hemos buscado Miguel y yo —dijo levantándose de su asiento y corriendo a estrecharla entre sus brazos.

Evelyn observó cómo esos dos seres se fundían en un fuerte abrazo, mientras que las lágrimas brotaban de sus ojos, por la emoción tan grande que sentían en esos momentos.

—Hijo, mi hijo querido, cuánto he añorado este momento —le decía abrazada a él.

—¡Y yo, mamá, cómo te he buscado! En cada mujer que se atravesaba en mi camino creía ver a la progenitora que nunca pude olvidar, con su amor hacia nosotros, sus canciones, sus enseñanzas y de repente, sin ninguna explicación, la desaparición total de ese ser tan importante en nuestras vidas.

Mamá, déjame llamar a Miguel para que venga a conocerte —le dijo Joel soltándose de su abrazo. Quiero que comparta la felicidad que nos embarga en estos momentos.

Tan pronto terminó la conversación con su hermano, colocó el auricular del teléfono en el receptor y exclamó *¡ya está saliendo para acá!*

—Joel —dijo Lea emocionada, quiero presentarte a Evelyn. Ella es mi nieta y es tu sobrina.

Joel le extendió los brazos y cuando ella corrió hacia

ellos se abrazaron.

—¡Qué bella sobrina tengo!

—Y yo tengo un tío cardiólogo, famoso en todo Israel.

—No es para tanto —le respondió él regocijado.

En esos momentos oyeron que la puerta se abría y entró en el recinto un señor muy parecido a Joel.

—Miguel, te presento a nuestra mamá —dijo Joel señalando a Lea.

—¡Oh mamá, cuanto te he extrañado! —exclamó, procediendo a abrazarla.

Joel se acercó a ellos y los tres se abrazaron fuertemente, disfrutando de aquel momento tan increíble.

Al cabo de un rato Joel propuso que se sentaran en la sala de espera y se tomaran un café, para poder compartir las respectivas historias que tenían que contarse.

Una vez acomodados, Lea decidió tomar la palabra.

—Este es el momento más emocionante de mi vida —opinó mirando a sus dos hijos. Por años me preguntaba qué sucedería si volviéramos a encontrarnos y en mis sueños veía una reunión parecida a la que estamos viviendo, pero cuando me despertaba se producía en mí una gran desilusión y una intensa tristeza. Quiero explicarles la razón de mi huida, pero les pido que comprendan que las circunstancias que me impulsaron a hacerlo fueron más fuertes que yo.

A los quince años conocí a Elías en una reunión en la casa de mis padres, en la cual me comunicaron que él iba a ser mi esposo en el lapso de unos meses. Yo me consideraba muy joven para asumir las responsabilidades de un matrimonio para el que no estaba preparada e íntimamente soñaba con la llegada de un muchacho del que pudiera enamorarme. Le pedí a mis padres que no me obligaran a casarme ya que Elías era mucho mayor que yo, pero se negaron a escucharme aduciendo que ya existía una promesa entre las dos familias y ellos no podían romper la palabra que habían dado. Les lloré, les supliqué, pero de nada sirvió. A los pocos meses nos casamos y nos fuimos a vivir a una pequeña casa que Elías tenía.

Al comienzo de nuestra unión me trató con cierta deferencia, pero al pasar algunos días empezó a tomar licor y la mayoría del tiempo lo hacía con tal exceso que llegaba a perder la compostura. Esa situación me llenó de desolación y de miedo. Corrí a casa de mis padres para quejarme y pedirles que intervinieran pero se negaron a creerme, a pesar de que yo siempre me había comportado a la altura de sus expectativas mientras viví con ellos.

El tiempo fue transcurriendo lentamente y mi desesperación se acentuaba, y más aún cuando comenzó a gritarme y a empujarme a su antojo.

¡Por favor, ayúdenme! Les suplicaba a mis padres, pero ellos solo me llenaban de consejos de cómo comportarme para mejorar mi matrimonio.

Una fatídica noche después de haber tenido relaciones íntimas con Elías, me insultó y me pateó de tal manera que tomé la decisión de suicidarme. Pensé que no me quedaba otra solución que terminar con tanta desdicha.

Pero un evento muy importante me impidió hacerlo, descubrí que estaba embarazada.

Naciste tú, Joel, y eso me llenó de tanta felicidad que coloqué en segundo plano mi propia vida y me dediqué de lleno a tu crianza. Luego comprobé que estaba emba-

razada por segunda vez y tuve un hermoso varón a quien decidimos llamar Miguel, en recuerdo del padre de Elías que había fallecido recientemente.

Elías se sintió muy feliz con el nacimiento de ustedes y les dedicaba tiempo para verlos y jugar a diario. Yo los observaba enternecida, pero tan pronto empezaba a beber se transformaba en un ser irascible conmigo. Siempre me pregunté cómo era posible que existiera una persona que tuviera comportamientos tan extremos.

Un día conocí a Abraham Rotlewicz, en una época en que los maltratos por parte de Elías se agravaron tanto que me llevaron a buscar ayuda y la encontré en el que hoy en día es mi esposo.

Pero nunca pude ser completamente feliz porque a pesar de que Abraham es un buen hombre, hemos tenido una posición económica cómoda y de nuestra relación nació un hijo, no hubo ni un minuto en mi vida en el cual no pensara en ustedes.

—¿Por qué no nos llevaste contigo, mamá? —le preguntó Miguel intrigado.

—Porque Elías nos hubiera buscado hasta el fin del mundo y me hubiera matado, dejándolos a ustedes huérfanos de madre y con un padre en prisión. Mi único consuelo fue siempre pensar que la conducta de Elías con ustedes era inmejorable a pesar de sus borracheras, y además yo tenía la certeza de que Vera, la madre de él, iba a velar por ustedes.

—¡Ay, mamá! —exclamó Joel agobiado—, cómo lamento que la relación de ustedes dos haya sido tan tóxica y que te hubiera tocado sufrir de esa manera. Yo he podido, escuchando tus razones, llegar a comprender por *qué te fuiste, pero dejaste un vacío tan grande en nuestras vidas que nunca lograremos compensarlo.*

—Lo siento mucho —le respondió Lea angustiada—. Solamente quiero confesarles que me equivoqué, no sé si fue producto de mi juventud e inexperiencia o de la desesperación que me producía la cercanía de Elías y de su manera de ser, pero quiero decirles que si tuviera una segunda oportunidad en la vida no vacilaría en luchar por retenerlos a mi lado a costa de lo que fuera.

—Gracias, mamá —le dijo Miguel acercándose a protegerla entre sus brazos. Yo necesitaba escuchar esas palabras de amor, para poder cerrar ese capítulo de mi vida que no me dejaba sentirme como cualquier otra persona que se ha criado con el cariño y el apoyo de su madre.

Miguel regresó a su asiento y Joel aprovechó para tomar la palabra.

—Un día fuimos a visitar a nuestros abuelitos y cuando regresamos no estabas en la casa, lo que nos extrañó mucho, te buscamos por todas partes pero no te encontramos. Esa noche cuando llegó papá y le preguntamos por ti, no supo darnos una respuesta y eso creó en nosotros una gran incertidumbre y un intenso dolor.

Al día siguiente papá fue a buscar a abuelita Vera para que nos atendiera y a partir de aquel momento nunca nos volvió a hablar de ti, como si te hubieras muerto para él y se tornó en una persona taciturna y huraña. Sin embargo no volvió a contraer matrimonio ni le conocimos ninguna mujer en la que pudiera estar interesado, siempre pensamos que quizás él vivía de tu recuerdo y no logró superar tu partida.

Cuando la situación socio-económica en Polonia empezó a complicarse, mi padre a quien le costaba ganarse la vida y quien quería alejarse de la religión ortodoxa, decidió que nos fuéramos a vivir a Viena, considerada en una época el Imperio Austro-Húngaro. Nos causó un enorme pesar separarnos de los abuelitos, a quienes queríamos tanto y en especial de abuelita Vera que siempre nos cuidó con tanta devoción.

Viena era una ciudad cosmopolita muy hermosa donde se le daba mucha importancia a la cultura, al arte y a la música. Papá consiguió una señora vienesa de nombre Erika, que se encargaba de nosotros mientras que él se dedicaba a sus negocios textiles.

Disculpa que te interrumpa hermano —le dijo Miguel emocionado—, yo quisiera contarles un poco sobre lo que recuerdo de Viena.

Joel asintió con la cabeza y su hermano continuó...

Nosotros vivíamos en la calle Franz Hochedlinzer y asistíamos a un colegio público llamado Pazmanitengasse que quedaba cerca de la casa, pero lo que más recuerdo con cariño era cuando la señora Erika nos llevaba de paseo al Wienerwald (Bosque vienés) y al Donau River (Río Danubio).

Un día que nunca podré olvidar, veníamos de regreso de un paseo por el Danubio cuando unos niños vieneses antijudíos empezaron a tirarnos piedras y a gritarnos que nos fuéramos y no volviéramos. En aquel momento no comprendimos la razón de tal atropello ya que nosotros no los habíamos incitado a pelear. Cuando regresamos a nuestra casa y le contamos lo sucedido a papá nos dimos cuenta de que algo extraño sucedía, pero él no quiso darnos mayores explicaciones ya que nos consideraba muy pequeños para poder comprender la magnitud del problema.

Ahora sabemos que en el año 1932 el canciller de Austria Engelbert Dollfuss, quien representaba al Partido Cristiano Socialista, asumió el poder. Era fascista y un gran admirador de Benito Mussolini, quien impuso una constitución anti-democrática, pero Hitler y los nazis austríacos se opusieron al mandato del canciller Dollfuss ya que ellos querían que la política y la economía de Austria se anexara a la de Alemania.

En 1933 cuando Hitler ascendió al poder, se intensificó aún más el deseo de la mayoría de los austriacos de quedarse del lado de los nazis.

Dollfuss decidió disolver el parlamento, eliminar el partido nazi y gobernar por decreto, pero los nazis empezaron a crear revueltas y se acrecentó el terrorismo. Dollfuss fue tomado prisionero y lo asesinaron.

El 12 de marzo de 1938 las tropas de Hitler entraron a Austria y la anexión a Alemania se convirtió en una realidad.

Tan pronto se conformó el gobierno nacional socialista dentro del país se lanzó a expulsar a los judíos de todas las esferas de la vida nacional, a confiscar sus fábricas y negocios, a suprimir el derecho de expresión y la prensa, a tomar posesión de sus viviendas, sinagogas, escuelas y a encarcelar o a asesinar a sus dirigentes.

La invasión de Austria marcó el comienzo del exterminio de los doscientos mil judíos del país y de unos cien mil cristianos, no arios.

La situación moral y material de los judíos en Austria

se volvió inaguantable y cuando los actos bárbaros se intensificaron, mi padre preocupado por la seguridad de nuestras vidas decidió que nos fuéramos para Palestina.

La urgencia de salir de Viena nos tomó por sorpresa a mi hermano y a mí —agregó Joel—, éramos tan solo unos niños que no comprendíamos la gravedad del momento y la suerte que habíamos tenido de poder salir a tiempo. La idea de dejar atrás la vida cotidiana, a los amigos y a la señora Erika, nuestro mayor apoyo, se nos hacía intolerable.

La llegada a Palestina fue muy complicada ya que aparte de no conocer el idioma, no disponíamos de un lugar apropiado para quedarnos, pero papá antes de salir de Viena logró comunicarse con un amigo de su infancia llamado Isaac Mandel. El vino a recibirnos al barco en el que llegamos y nos ofreció quedarnos en su casa hasta que consiguiéramos un lugar adecuado donde fijar nuestra residencia.

La esposa de Isaac se llamaba Milka y tenían dos hijas de nuestra edad llamadas Talia y Esther, quienes nos dieron una cordial bienvenida lo que constituyó un factor muy importante para que nos sintiéramos mejor.

Transcurrió un mes y medio antes de que pudiéramos conseguir una casa alquilada, pero nos sentimos muy contentos de tener privacidad y un espacio más grande para nuestras necesidades.

Papá nos explicó que a finales del siglo XIX comenzó la inmigración sionista a Palestina y el renacimiento del lenguaje hebreo, auspiciados por Gran Bretaña durante la Primera Guerra Mundial con la declaración Balfour de 1917.

Los ingleses invadieron la ciudad de Jerusalén un mes después y en el año 1922 Palestina cayó bajo su mandato. Los palestinos no judíos iniciaron revueltas contra los ingleses en los años 1920, 1929 y 1936, sin obtener ningún resultado.

En 1947 terminada la Segunda Guerra Mundial y el Holocausto, el gobierno inglés concluyó su mandato en Palestina y la Asamblea General de las Naciones Unidas votó por la partición del territorio en un Estado judío y en un Estado árabe. Los judíos aceptaron la propuesta pero los árabes no estuvieron de acuerdo, razón por la cual comenzó una guerra civil y el Estado de Israel se formó en el año 1948.

A partir de aquel momento nuestras vidas empezaron a mejorar, ya que bajo el mandato inglés nos sentíamos subyugados, pero con la formación del Estado de Israel sentimos por primer vez en la vida que la tierra era nuestra y que cualquier esfuerzo que hiciéramos por ella valdría la pena.

Capítulo 24

Lea pulsó el timbre de la casa de su hijo Joel, escuchó unos pasos apresurados que se acercaban y un niño abrió la puerta.

—¿Es usted mi abuelita? —le preguntó Asher en perfecto inglés, observándola con un dejo de inocencia.

—Sí, mi niño querido, yo soy tu abuelita —le contestó Lea agachándose para ponerse a la altura del niño.

—¿Cuántos años tienes?

—Tengo 10 años —le respondió Asher y aprovechando el momento se abrazó a ella apretándola emocionado. Hace algún tiempo murió mi abuelita Raquel, la madre de mi mamá, y después mi abuelito Elías y yo me sentí muy triste pensando que ya no iba a tener más abuelitos con quienes reír y jugar, pero hoy mi papá me contó que tú viniste a buscarnos y yo me siento el niño más feliz de la Tierra. Además me contó que voy a conocer a un abuelito llamado Abraham que vive en Estados Unidos.

Evelyn se había aproximado a ellos después de estacionar el carro frente a la casa y observó cómo a Lea se le llenaban los ojos de lágrimas de la emoción que sentía y seguía abrazando al niño con inmensa ternura.

—¿Y usted quién es? —le preguntó Asher soltándose de los brazos de su abuelita en cuanto la vio llegar.

—Yo soy tu prima Evelyn —le respondió ella.

—Papá, mamá —gritó el niño llamándolos, no solo tengo una abuelita nueva sino también una prima grande.

Lea y Evelyn intercambiaron miradas de regocijo.

—Sigan adelante, por favor —les pidió en inglés una mujer joven, con acento israelí.

Mi nombre es Ruth —agregó de inmediato— y soy la esposa de Joel.

—Mucho gusto, Ruth —le dijo Lea emocionada de saber quién era esa mujer tan atractiva.

—El gusto es mío —contestó Ruth extendiéndole la mano para saludarla, pero Lea se le acercó y la abrazó con cariño recordando las palabras de su hijo con respecto a la fidelidad y devoción que ella ha demostrado desde que unieron sus vidas.

—Ruth quiero presentarte a Evelyn, es mi nieta y sobrina de ustedes —corroboró Lea.

—Encantada de conocerte —le respondió Ruth enseguida.

—El gusto es mío —aseguró Evelyn.

—Pasen adelante —les pidió Ruth, los demás están impacientes esperándolas.

Siguiendo la invitación de la anfitriona entraron al lobby, decorado con muebles modernos sencillos y al avanzar hacia la sala divisaron un ambiente muy agradable donde el estilo continuaba con muebles de madera clara enriquecidos con telas y accesorios en tonos tierra.

—Mamá, Evelyn, qué alegría que ya llegaron

—exclamó Joel al verlas llegar y tomándolas de la mano les dijo emocionado...

—Ya conocieron a mi esposa Ruth, a Asher, y este es mi pequeño hijo Benjamín, tiene 6 años.

Lea se le acercó al niño, lo tomó entre sus brazos y le dio un beso.

El niño, al recordar las palabras de su padre, se dejó llevar sin experimentar ningún temor.

—Mamá, dijo Miguel aproximándose a ella, y pasándole el brazo por los hombros la llevó hasta donde estaban su esposa y su hijo.

—Quiero que conozcas a Jenny y a Samuel, nuestro bebé.

Lea los abrazó sin emitir palabra y Jenny emocionada le dio la bienvenida.

—Es un gran placer para mí conocerla, señora Lea. Por favor, siéntese con nosotros y usted también, Evelyn —agregó con entusiasmo—, Miguel me habló mucho de ustedes.

—Igual me sucedió a mí —respondió Evelyn—, tenía muchos deseos de conocerlos a todos, ustedes son mi familia y como hija única me siento feliz de tener tíos y primos.

La velada transcurrió entre anécdotas, recuerdos del pasado y emociones en un ambiente acogedor y relajante.

Ruth y Jenny habían preparado una comida típica israelí, acompañada de ensaladas y postres exquisitos. La habían servido en una mesa revestida con un mantel blanco de lino importado, flores frescas de diferentes colores y sacaron la mejor vajilla que tenían, la cual solo utilizaban en ocasiones muy especiales.

Pusieron música, cantaron, bailaron y jugaron con los niños hasta que los rindió el cansancio.

—Vamos a acostar a los niños —dijo Ruth, al ver a Benjamín dormido en un sillón.

—Yo lo llevo cargado —dijo Joel acercándose al niño y levantándolo sin mucho esfuerzo.

—Yo los acompaño —agregó Jenny, llevando a Samuel, también dormido, entre sus brazos.

—¿Me permiten ir con ustedes? —preguntó Evelyn enseguida.

—Por favor, acompáñanos —respondió Ruth— nos servirás de ayuda, cuando llega el momento de acostar a los niños se necesitan muchas manos.

Asher se acercó a Lea, le dio un beso y le pidió en tono suplicante:

—Por favor, abuelita, no te olvides de nosotros.

—No, mi amor —le respondió ella abrazándolo—, los espero pronto en mi casa y te prometo que abuelito Abraham y yo vamos a llevarlos de paseo a Disney World.

—¡Yupi! —gritó el niño emocionado—, yo sabía que sería maravilloso volver a tener una abuelita.

—Bueno, ahora despídete —le pidió Ruth.

—Buenas noches, abuelita, te quiero mucho.

—Buenas noches, Asher, que Dios te bendiga.

El niño la miró una vez más y dándole la mano a su mamá se retiró a su recámara.

—Mamá quiero hablar contigo —le pidió Miguel invitándola a sentarse a su lado en el sofá de la sala.

Estaba esperando este momento para poder conversar contigo a solas —agregó Miguel con expresión seria.

—Dime, hijo —le respondió Lea, a la expectativa de lo que iba a decirle.

—Mamá, no quiero empañar la felicidad que sientes en este momento en el que has vuelto a encontrar a tus hijos ya adultos, con sus propias familias y en un ambiente en apariencia idílico, sobre todo sabiendo que mañana regresan a Estados Unidos y todo esto parecerá tan solo un sueño.

Yo quiero compartir contigo algunas cosas que no me permiten ser feliz, quizás si logro sacarlas de mi mente pueda alcanzar esa paz que siempre me rehúye.

Lea asintió con la cabeza alentándolo a seguir.

—Cuando tú te fuiste —agregó él devastado—, mi mundo se cayó de repente.

¿Dónde está mi mamá? me preguntaba yo a diario y le preguntaba lo mismo a mi abuelita Vera, una y otra vez cuando la veía.

Todos los niños tienen una mamá menos Joel y yo le repetía, y ella me miraba con tristeza sin saber qué hacer ni que decir, pero ahora comprendo que ella misma se preguntaba qué habría sucedido para que tú hubieras huido de esa manera.

Lea trató de decir algo pero Miguel continuó hablando, ignorándola.

—Al principio nuestros amigos nos miraban con pena pensando que algo malo pudiera haberte sucedido, pero con el correr del tiempo viendo que no regresabas, empezaron a surgir rumores de gente malintencionada que hacía conjeturas sobre tu ausencia y pensaban en la posibilidad de que nos hubieras abandonado para irte con

un amante, y empezaron a burlarse de mi hermano y de mí.

Un día me armé de valor y le pregunté a Joel qué pensaba sobre esas habladurías y él me contestó:

No le hagas caso a esa gente, no tiene nada que hacer e inventa cosas. Tú y yo vamos a buscar a nuestra mamá donde quiera que se encuentre y le vamos a demostrar a todo el mundo que ella no es capaz de abandonarnos.

En ese momento decidí unirme al esfuerzo de mi hermano en la búsqueda más importante de nuestras vidas.

Empezamos por preguntarle a nuestro padre por ti y nos contestó que no estaba interesado en saber cuál era tu paradero y nos pidió que nunca más volviéramos a mencionar tu nombre mientras él estuviera con vida.

Seguimos preguntando por doquier a todas las personas que te conocían, pero nadie sabía nada que pudiera traer luz a nuestras inquietudes. Un día papá nos dijo que íbamos a emigrar a Viena y eso representó para nosotros el principio del final.

¿Cómo íbamos a encontrarte o tú a nosotros si nos íbamos a otro país?

Le rogamos a papá que no nos fuéramos, que no dejáramos solos a los abuelitos, pero él fue inflexible y nos recordó que ellos querían quedarse en Polonia y él no había podido convencerlos de emigrar con nosotros.

Entonces quedémonos aquí, le pedimos en varias ocasiones, pero su decisión estaba tomada y no hubo ninguna razón con suficiente validez para disuadirlo.

Salimos de Polonia con nuestros corazones destrozados y sin poder contenernos, le preguntamos de nuevo a papá cuándo volveríamos a verte y no nos respondió.

Entonces lloramos y lloramos pensando que nunca más volveríamos a verte, unido al hecho de que dejábamos atrás a los abuelitos, en especial a abuelita Vera, a los amigos y a todas aquellas personas que habían constituido nuestro mundo.

El tiempo transcurrió y Joel se fue adaptando a las circunstancias, pero en mi caso observé que me costaba mucho confiar en la gente a tal punto que empecé a alejarme de quienes me rodeaban, inclusive de mis amigos y me volví una persona solitaria.

En mi adolescencia no quería relacionarme con muchachas de mi edad hasta que un día conocí a Nora y pensé que podía contarle mis problemas, nos casamos pero nuestra unión duró muy poco. Reconozco que fue mi culpa ya que se me dificultaba mucho confiar en ella y empecé a celarla en todo lo que hacía.

Las peleas entre nosotros se repetían con frecuencia, hasta que ya no pudo soportar más la situación y me dijo que aunque todavía me quería tenía que separarse de mí porque nuestra relación iba a terminar en un caos.

La dejé ir con un dolor profundo en mi corazón pues sabía que la quería, pero le estaba haciendo un daño irreparable.

Entonces decidí buscar ayuda psiquiátrica y después de contarle mi vida al médico, me explicó que la raíz del problema radicaba en la aflicción que nos había causado tu abandono y tu silencio.

Tengo que confesarte que en ese momento te odié con toda mi alma, por tu indiferencia, por tu desamor y por tu falta de instintos maternos.

—¿Cómo pudiste abandonarnos de esa manera?

—Lo siento hijo, lo siento —le dijo ella hecha un mar de lágrimas—, yo no quería hacerles daño pero tampoco aceptaba la suerte que me había deparado el destino al lado de un hombre entregado al alcohol e iracundo. Yo era demasiado joven para comprender las consecuencias futuras de mis actos, por favor hijo perdóname —le suplicó ella desesperada.

—¿Qué sucede? —preguntó Joel entrando en la sala.

—Le estaba contando a mamá los sinsabores que he tenido en la vida —dijo Miguel agobiado.

—¡Ya basta! —le respondió Joel—, estos momentos deben ser de alegría, ha sido un verdadero milagro que hayamos podido reunirnos después de tantos años, demos gracias a Dios que haya sido así y tratemos de ser una familia unida por el amor. No importa el pasado, ya no existe, miremos con optimismo el presente y tratemos de disfrutar cada instante que la vida nos ofrezca.

—Cuánto lo siento mamá —se disculpó Miguel afligido—, Joel tiene razón el pasado quedó atrás y yo te prometo que no habrá más reproches de mi parte.

—Yo también siento mucho lo que han tenido que vivir durante mi ausencia —dijo Lea resuelta—, quiero repetirles que si Dios me diera una segunda oportunidad nunca cometería el error de abandonarlos.

¡Por favor, perdónenme...!

—Ya te hemos perdonado, mamá —le contestó Joel compasivo—, te agradezco que nunca más vuelvas a pedir perdón.

—Gracias, hijo mío —dijo Lea en un tono casi inaudible.

—Te quiero mucho, mamá —le aseguró Joel.

—Y yo también —agregó Miguel acercándose para abrazarla.

—¿Qué sucede aquí, me he perdido de algo importante? —indagó Evelyn.

—Solo estábamos recordando el pasado —dijo Joel convencido—, y ya todo quedó resuelto y olvidado.

—Abuelita, te noto muy cansada —dijo Evelyn observando a Lea con los ojos hinchados y la expresión triste—, creo que es hora de regresar al hotel, quiero que descanses bien esta noche ya que mañana salimos de viaje.

Lea asintió con la cabeza y se levantó.

Ruth y Jenny entraron en el recinto y comenzaron las despedidas. Cada miembro de la familia se fue acercando a Lea y a Evelyn para desearles un feliz viaje, darles un abrazo y reiterarles el deseo de volver a encontrarse en Estados Unidos, en dos meses, cuando los niños salieran del colegio durante las vacaciones.

Capítulo 25

Lea se sentó en el asiento del avión al lado de Evelyn, se puso el cinturón de seguridad y sintió que su corazón se aceleraba a consecuencia de los sentimientos encontrados que experimentaba en esos momentos.

Por un lado la búsqueda de sus hijos, el encuentro, la emoción de compartir con ellos su presencia, sus bellas familias y el Estado de Israel con su esplendor y magnificencia, y ahora la despedida; otra vez la lejanía, aunque con la promesa de un reencuentro en el futuro cercano.

—Abuelita, ¿estás bien? —le preguntó Evelyn preocupada, observando la tensión en su cara.

—Sí, mi dulce niña, solo estaba pensando en todos los acontecimientos de este viaje y sobre todo en la despedida de mis hijos, que nos acompañaron hasta el último momento en el aeropuerto, algo que no esperábamos.

—Son personas muy gratas —agregó Evelyn convencida—, es muy fácil quererlos y para ellos el encuentro con su madre ha significado un factor muy importante en sus vidas.

—Gracias Dios mío, por permitirme verlos y estar con

ellos aunque sea tarde en la vida —exclamó Lea emocionada.

—Abuelita, ellos nos prometieron que vendrían para la Florida en el verano, que ya está a solo dos meses —dijo Evelyn tratando de tranquilizarla. Ahora quiero que te tomes la pastilla para tu tensión alta y que descanses, ya que nos espera un viaje largo y la llegada va a ser muy emocionante al volver a ver, después de tanto tiempo, a las personas que queremos.

Lea procedió a tomarse la medicina, miró a través de la ventanilla y al comprobar lo tardío de la hora, se acomodó en el asiento reclinado y cerró los ojos.

El vuelo resultó excelente, el día mostraba su mejor color y el descenso del avión en la ciudad de Miami se realizó sin ningún percance.

—¡Allá están! —gritó Víctor divisándolas tan pronto salieron de la aduana.

—Papá, mamá —los llamó Evelyn emocionada.

Víctor y Vivian corrieron para abrazarlas.

—¡Cómo las hemos extrañado mis bellas mujercitas! —exclamó Víctor sin poder contenerse.

—Y nosotras a ustedes —contestó Evelyn de inmediato.

—Jonathan tuvo que hacer un viaje muy importante por dos días —dijo Vivian de repente— y me pidió que te dijera que lamenta mucho no haber podido estar presente para recibirlas.

—Está bien, mamá, me hubiera gustado verlo en estos momentos, pero qué se puede hacer —le respondió Evelyn resignada.

—Déjenme llevar las maletas —sugirió Víctor—, papá

nos está esperando en el carro, está muy ansioso por verlas y queremos saber más detalles del viaje.

Al día siguiente en la mañana, Evelyn fue al consultorio del doctor Eidelman gracias a la intervención de su papá, quien había logrado conseguir una consulta con él.

—Buenos días, Evelyn —le dijo atento el médico, retirando la silla que estaba frente a su escritorio para que ella se sentara.

—Gracias por recibirme de inmediato —le dijo Evelyn acomodándose en la silla—.

Necesitaba hablar con usted para agradecerle su dedicación y sus consejos. Me siento una mujer diferente desde que las pesadillas y las visiones dejaron de repetirse y eso ocurrió a medida que fui saliendo de esa encrucijada en la que me encontraba, lo cual parecía imposible. Nunca pensé que los problemas del pasado pudieran repercutir en la vida presente, pero ahora comprendo que la preocupación y el amor de una persona por otras pueden sobrevivir a través del tiempo y del paso por las diferentes vidas.

—Así es, Evelyn —le aseguró el médico convencido—, yo he podido comprobar que la reencarnación existe en su caso y en el caso de varios de mis pacientes a quienes he tenido que hipnotizar para llevarlos hasta el momento en el que empezaron sus fobias, y me he quedado asombrado escuchando cuando sus mentes se van a vidas previas diferentes a la que están viviendo en el presente, y a la variedad de idiomas, de países y de circunstancias que tienen que enfrentar, eso me hace pensar que el alma existe y que lleva impresa el recuento de cada experiencia vivida.

—Yo estoy en total acuerdo con usted, doctor —agregó Evelyn—. Las circunstancias que me llevaron a tratar de descubrir el misterio de mi vida pasada fueron demasiado evidentes y tuve la suerte de contar con su orientación profesional para llegar a solucionar los problemas que me acosaban a diario y que no me dejaban vivir como una persona normal. Ahora puedo seguir adelante con mi vida.

Muchas gracias por su apoyo, lo admiro como médico y por ser un ser humano tan sensible, capaz de percibir la ayuda que sus pacientes necesitan —le dijo Evelyn levantándose para retirarse.

—Estoy muy agradecido por sus palabras, Evelyn, nunca las olvidaré y por haberme dejado participar en un caso tan interesante como el suyo —aseguró el doctor Eidelman extendiendo la mano para despedirse de ella.

Evelyn abrió la puerta del consultorio para salir y se encontró con Jonathan, quien la estaba esperando al final del pasillo.

—No pude estar otro día alejado de ti —le dijo emocionado acercándose a ella—, así es que decidí regresar antes de lo previsto. Te quiero mi amor le dijo abrazándola, y no permitiré que nadie, ni nada, nos vuelva a separar.

Made in the USA
Coppell, TX
08 June 2026

78621739R00111